En BUSCA
de la VERDAD

Plan de acción

En busca de la verdad: Plan de acción
© 2004 Steve Keels
Se reservan todos los derechos

ISBN 0-8054-3045-8

Publicado por Broadman & Holman Publishers
Nashville, Tennessee 37234

Publicado originalmente en inglés con el título TruthQuest: Survival Guide
© 2002 por Steve Keels, publicado por Broadman & Holman Publishers,
Nashville, Tennessee 37234

Traducción al español: Adriana Powell

Tipografía de la edición en español:
A&W Publishing Electronic Services, Inc.

Clasificación decimal Dewey: 248
Clasifíquese: JÓVENES \ VIDA CRISTIANA

Impreso en los Estados Unidos de América

1 2 3 4 5 08 07 06 05 04

En BUSCA de la VERDAD

Plan de acción

por qué creo lo que creo

steve keeLs
con Dan Vorm

B&H ¡Español!

Este libro está dedicado a mi buen amigo
MIKE PETERSEN,
el hermano mayor que nunca tuve,
un hombre que reconoce mis fortalezas
y tiene paciencia con mis debilidades.

Índice

Reconocimientos / vi
Introducción / 1

Parte 1: Pruebas de la existencia de Dios / 3

1. La existencia de Dios / 5
2. ¿Por qué Dios no se muestra con claridad? / 10
3. La Biblia es confiable / 13
4. El origen del mal / 18
5. Que el verdadero Jesús se ponga de pie / 23

Parte 2: El carácter de Dios / 29

6. Dios es omnipresente / 31
7. Dios es omnisciente / 36
8. Dios es omnipotente/ 42
9. Dios es amor / 48
10. Dios es un Dios celoso / 54
11. Dios es sabio / 60
12. Dios es la Trinidad / 68

Parte 3: Los fundamentos / 73

13. La deidad de Cristo / 75
14. La humanidad de Cristo / 81
15. El pecado / 88
16. La justificación / 94
17. La cruz / 100
18. La resurrección / 107
19. La eternidad / 114

Parte 4: La experiencia con Dios / 123

20. La influencia de los amigos / 125
21. Cómo amar a los demás / 131
22. La tentación / 136
23. El Dios que te oye [la oración] / 141
24. Meditar en la Palabra de Dios / 148
25. La iglesia / 155
26. El Espíritu Santo / 162

Notas / 168

Reconocimientos

Quisiera poder mencionar a todos los que tuvieron una influencia decisiva en mi vida y, por lo tanto, en este proyecto. Sin embargo, solo tengo espacio para agradecer a los siguientes:

A Dan Vorm, que con su talento y capacidad simplificó la lectura de este libro. Además de su habilidad como escritor y su conocimiento de la Biblia, es una persona leal, de carácter y que ama a su familia.

A Gary Terashita, que es uno de los hombres más brillantes que he conocido, que exige con amabilidad y es un verdadero amigo.

A David Shepherd, cuya visión por el proyecto **En busca de la verdad** sigue siendo de inspiración. Su anhelo ferviente es que lo producido llegue a manos de los estudiantes. Aprecio mucho su amistad, a pesar de los kilómetros que nos separan.

A John Thompson, cuyo amor por el Señor, entusiasmo y ojo crítico ayudó a que esta serie sea lo que es hoy. Agradezco también su amor por los estudiantes.

A Randy Alcorn, mi amigo y consejero, quien nunca llegará a darse cuenta de lo importante que ha sido en mi vida. (Randy, no diré más porque empezarás a lagrimear.)

A Stu Weber, cuyo estilo de liderazgo permitió que el ministerio estudiantil en la iglesia "Buen Pastor" tuviera libertad para experimentar, crecer y alcanzar a miles de personas. Su amor por las Escrituras y la teología motivó muchos de los conceptos que sustentan este libro.

Al personal que durante años participó del ministerio estudiantil en la iglesia "Buen Pastor". La lealtad y la camaradería que hemos disfrutado como equipo son inolvidables. Me siento orgulloso de ustedes.

Y, por sobre todo, a mi preciosa familia que son las personas más importantes del mundo. A mi esposa, Sue, mi mejor amiga y el amor de mi vida. Y a mis hijos, que son todo para mí; sin ellos, mi vida estaría vacía.

Introducción

Por qué tomarse el tiempo de leer este libro

Este libro tiene el propósito de ayudar a creyentes nuevos a entender algunos aspectos básicos de la Biblia. Si lo lees con detenimiento, empezarás a hacerte una idea precisa acerca de quién es Dios y cómo es Él. Nuestro anhelo es que este libro te ayude a construir un fundamento bíblico sólido para tu vida. De esa manera evitarás equivocarte.

Este libro no tiene la intención de reemplazar el tiempo que dedicas a la lectura bíblica sino a fortalecerla por medio de conocimientos que te ayudarán en el estudio personal de la Palabra de Dios.

Cómo usar este libro

Este libro se puede usar de las siguientes maneras:

* *En el estudio personal*: Lee un capítulo por día y escribe notas al margen si lo deseas. Si te tomas el tiempo de buscar los pasajes bíblicos que se mencionan, será más provechoso porque podrás ver cada texto en su contexto.

* *En el estudio bíblico grupal*: En un grupo pequeño, el líder leerá todo el capítulo en voz alta mientras los demás siguen la lectura. También pueden turnarse para leer. Deténganse en los puntos importantes para que los presentes puedan hacer comentarios sobre las historias o sobre los pasajes bíblicos. Después de la lectura grupal, dediquen un tiempo a debatir guiándose por las preguntas que hay al final de cada capítulo.

* *En el uno a uno*: Puedes usar este libro con un amigo que acaba de convertirse o con alguien que todavía no es creyente. Pueden sentarse, café de por medio, y leer juntos un capítulo. Luego puedes hacerle preguntas relacionadas con la lectura, tales como: "¿Qué piensas sobre este concepto?", "¿Te sentiste así alguna vez?". Usa las preguntas que aparecen al final de cada capítulo como guía.

Una nota en relación a las historias en el libro

Hemos usado muchas anécdotas para darle vida a este libro. Se cambiaron los nombres y muchos de los detalles principales. Cada relato se basa en un suceso real, si bien han sido modificados para evitar sentimientos incómodos o curiosidad malsana.

PARTE 1
Pruebas de la existencia de Dios

La existencia de Dios

Dice el necio en su corazón: "No hay Dios".
Salmo 53:1

Felipe estaba sentado en mi oficina y su rostro reflejaba la ansiedad que lo dominaba. Era un muchacho inteligente que había sido fiel a Cristo durante todo el secundario. Su inquebrantable fe en la Biblia y su amor sincero por Dios eran bien conocidos.

Sin embargo, ahora que había ingresado a la universidad, su fe estaba siendo sacudida. Como una playa de arena erosionada por la fuerte corriente de un río, Felipe sentía que su sencilla fe en Dios no le alcanzaba para enfrentarse a la marea intelectual que amenazaba con arrastrarlo.

Entre sollozos, me contó que ahora las verdades de la Biblia le parecían demasiado simples en comparación con lo que aprendía en la facultad. En particular, había un profesor que desafiaba sus creencias y procuraba convencerlo de que las simples doctrinas bíblicas no eran suficientes para responder a los interrogantes intelectuales. Felipe estaba empezando a dudar de que el Dios de la Biblia realmente existiera. Se encontraba en problemas.

Nos sentamos a conversar largo rato sobre la existencia de Dios. Me acribillaba con preguntas pero le resultaba difícil aceptar las respuestas de la Biblia. Al final de nuestra conversación, pensé que ya se encontraba preparado y dispuesto a comprender que los argumentos del profesor eran errados.

CAPÍTULO 1

Entonces salió a la luz el verdadero problema: la moral de Felipe. Me contó de una chica con la que mantenía relaciones sexuales y que ahora estaba embarazada. Al revelar su pecado se hizo evidente que esta era la raíz de sus dudas filosóficas. No podía justificar sus actos delante de Dios. Tenía que elegir entre renunciar a su pecado o renunciar a Dios. Era evidente que había decidido esto último. Felipe quería creer en su profesor para calmar su sentimiento de culpa. Un año después de nuestro diálogo, este joven se suicidó. No puedo evitar la conclusión de que su negativa a clamar a Dios en los momentos más oscuros de su vida desembocó en esa terrible tragedia.

¿Por qué debemos creer en Dios?

Ahora que has orado y recibido a Cristo en tu corazón, tu mundo está a punto de cambiar (si es que no lo ha hecho aún). En Romanos 12:2 la Biblia dice: "No se amolden al mundo actual, sino sean transformados mediante la renovación de su mente. Así podrán comprobar cuál es la voluntad de Dios, buena, agradable y perfecta". ¡Esto significa que Jesús vive en tu interior por medio del Espíritu Santo! Ahora comenzará a transformar tus actitudes y tu conducta, de adentro hacia afuera.

Sin embargo, debes recordar que esto es un proceso. Es como hacer crecer un árbol a partir de una semilla: no puede ocurrir de la noche a la mañana. Si eres como la mayoría de las personas, tendrás dudas y preguntas que se presentarán a lo largo del camino. No te asustes. Más bien, recíbelas y considéralas como amigas que te guiarán a una comprensión más profunda de quién es Dios.

Tal vez después de orar para recibir a Cristo vinieron a tu mente muchas dudas sobre lo que hiciste. *¿De qué se trata todo esto?*, quizá te preguntaste. *Fui sincero en ese momento, pero ahora dudo de que Dios exista.*

Hace poco mi hijo Daniel se encontró en una situación similar. Uno de sus profesores preferidos de la secundaria se salió de tema para cuestionar el cristianismo y la Biblia. ¿Te ha ocurrido alguna vez? Este profesor se deleitaba en señalar todos los abusos cometidos por el cristianismo a lo largo de los siglos, lo cual (según su análisis) echaba por tierra cualquier razón para creer en la Biblia. También tenía habilidad para señalar supuestas contradicciones o imprecisiones históricas. ¡Nunca te asustes ante estos desafíos! Daniel podría haberse mantenido indiferente, pero no lo hizo. Decidió aceptar el reto y buscar algunas respuestas. De manera respetuosa presentó sus descubrimientos al profesor y a la clase. Para su desilusión, el profesor se negó a escuchar con una actitud abierta y prefirió aferrarse a sus conceptos equivocados sobre la Biblia. ¿Por qué tendría alguien que creer en Dios? ¿Qué prueba racional tenemos de su existencia? Si un amigo que no asiste a la iglesia te hiciera esta pregunta en la escuela, ¿sabrías cómo responder?

Creo que hay pruebas convincentes de que Dios existe, tanto en nuestro interior como a nuestro alrededor.

En primer lugar, el instinto nos dice que hay un Dios. Pregúntale a cualquier niño si Dios existe y responderá con un rotundo "por supuesto". Nuestras dudas comienzan cuando alguien se esfuerza por "desconvencernos" de la existencia de Dios. Este instinto es resultado de que fuimos creados a imagen de Dios. Un escritor del Antiguo Testamento dijo que Dios "ha puesto eternidad en el corazón del hombre" (Eclesiastés 3:11, RV95). En otras palabras, instintivamente sabemos que hay algo más allá de nosotros, ¡y no estamos hablando de los ovni sino de Dios! Por este motivo, las criaturas quieren encontrar a su Creador.

En segundo lugar, cada persona tiene incorporado el temor a las consecuencias de no seguir a Dios. Lo compruebo cada vez que oficio en un funeral para una familia que no es creyente, donde hasta las personas impías declaran ser "religiosas" de una u otra forma. En un velatorio un hombre se me acercó y me dijo: "Pastor, mi amigo no era religioso pero creía en Dios, y yo soy como él". Este hombre quería que yo lo tranquilizara porque sentía temor de las posibles consecuencias por no obedecer los instintos que Dios había puesto en él. La gente tal vez vive como si no creyera en Dios, pero cuando se enfrenta a la muerte, a menudo reconoce su existencia.

Existen muchas más razones por las cuales creer en Dios, además de las que hay en nuestro interior. Dios ha revelado su presencia al crear un universo maravilloso que tiene sus "huellas digitales" impresas por todas partes.

Los científicos a menudo aluden a dos principios de la ciencia conocidos como las leyes de la termodinámica. La primera de estas leyes dice que la materia no puede crearse a sí misma, sino que algo produjo su existencia. Piensa en la casa donde vives, con sus dormitorios, baños, cocina, etc. ¿Qué fue necesario para que llegara a ser una casa? Para construirla hizo falta un diseñador, un albañil, alguien con voluntad y medios para hacerla. Apuesto a que nunca pensaste: ¡Vaya! Mi casa evolucionó, ¡surgió de la nada! Jamás diríamos algo tan necio y, sin embargo, cuando nos referimos al mundo en que vivimos, que tiene una estructura mucho más compleja que una casa, se nos enseña que surgió por azar.

_ Es tal nuestro deseo de eliminar la existencia de Dios que estamos dispuestos a elaborar una explicación antinatural que "sustente" nuestro punto de vista. Lo cierto es que la teoría de la evolución pide que creamos eso y que arrojemos por la borda el sentido común.

Cuando estudiaba en la universidad, recuerdo que en una clase de astronomía el profesor explicaba que toda la materia surgió a partir de los aminoácidos. En el cielorraso giraban figuras de las galaxias, las estrellas y los sistemas planetarios. Todo se veía colorido, bello y complejo.

Levanté la mano y pregunté:

—¿Dónde está Dios en todo esto?

—No está, —fue la respuesta tajante.

Salí de la clase cabizbajo, ¡no lo podía creer! ¿En verdad se esperaba que yo creyera que un diseño tan maravilloso había surgido sin un diseñador? Esto es exactamente lo que la evolución nos pide que creamos. ¡A mi juicio, se trata de un salto de fe a ciegas!

La segunda ley de la termodinámica a menudo se designa como la ley de la disminución o entropía creciente, y explica que en el universo todo está en decadencia, en un proceso de desintegración gradual.

Piensa, por ejemplo, en el caos. La evolución enseña que todo lo que nos rodea mejora con el tiempo, que pasa del caos al orden. Para mí esto no tiene sentido. ¿Conoces algo que haya pasado del caos al orden por su propio impulso? Toma una hoja de papel y trata de hacer una lista de todas las cosas que pienses que pueden pasar del caos al orden por sí solas. Del otro lado, haz una lista de las cosas que consideras que pasan del orden al caos de manera espontánea. Te puedo decir ya mismo qué página estará llena y cuál estará vacía. Una habitación no se ordena sola (¡qué lástima!), un jardín no se desmaleza por sí solo y un universo no se ordena sin ayuda externa.

No, no dejes que te convenzan de que la ciencia da crédito a la evolución y desaprueba a la Biblia.

Debate en pequeños grupos

1. Si tuvieras que demostrar la existencia de Dios sin usar la Biblia, ¿qué argumentos usarías?

2. ¿Por qué la gente no quiere creer en la existencia de Dios? ¿De qué tiene miedo?

¿Por qué Dios no se muestra con claridad?

Cuando era niño, me recostaba en el jardín por la noche, miraba las estrellas y me preguntaba: *¿Qué habrá detrás de aquella estrella... y de la que está detrás... y aun más allá de esa? Y si llegamos a la última estrella, ¿será el límite del universo o habrá algo más?* ¡Era frustrante no tener respuestas! Observaba y pensaba hasta que parecía que mi cabecita iba a estallar. Entonces optaba por lo más sencillo: ¡recostarme y quedarme dormido! Sin embargo, detrás de mis intentos fallidos de jugar al "aprendiz de astrónomo" se escondía una pregunta de gran importancia: "¿Habrá un Dios?"

Para ser sincero, no pasaba demasiado tiempo compenetrado en esto de la existencia de Dios. No se trataba más que de un pensamiento recurrente, un desafío teórico con casi la misma importancia que resolver las preguntas en un programa de entretenimientos. Recién cuando oré para recibir a Cristo empecé a ver a Dios en todas partes.

Ahora, como creyente, cuando voy al mar o contemplo las montañas estoy absolutamente convencido de la existencia de Dios. Me resulta algo natural ver las maravillas de su creación divina y decir: "¡Qué grandioso es el Dios a quien sirvo!" Sin embargo, cuando no era cristiano, solía mirar las mismas cosas y ni siquiera *pensaba* en Dios.

He mantenido innumerables conversaciones con estudiantes, mientras caminábamos juntos durante retiros espirituales en la costa del Pacífico. Con frecuencia recorro la playa con algún joven que todavía no es cristiano, y le señalo la belleza de las constelaciones o la inmensidad del océano que tenemos delante.

CAPÍTULO 2

¿No te parece asombroso que la creación de Dios en este mundo presente tal variedad? Por ejemplo, existen ciertos animales que solo habitan en las profundidades del océano, donde jamás han sido ni serán vistos por ningún ser humano. ¿Por qué? Creo que esto se debe a que Dios disfruta desplegando su creatividad infinita. Cuando pensamos en estas cosas no podemos menos que sentirnos maravillados por lo que Él es.

En mi caminata por la playa con algún estudiante puedo exclamar de pronto: "¡Qué increíble! Mira la manera en que Dios se ha revelado. Contempla el océano; fíjate lo poderoso que es Dios, lo maravilloso que es". A menudo el muchacho o la chica me miran perplejos. Donde yo veo a Dios, ellos solo ven olas que rompen y espuma de mar.

¿A qué se debe? Es porque el "hombre natural" (la persona que no es cristiana) no puede entender las cosas de Dios. En 1 Corintios 2:14 dice: "El que no tiene el Espíritu no acepta lo que procede del Espíritu de Dios, pues para él es locura".

Ahora que has confiado en Cristo, Dios comenzará a revelarse a ti de muchas maneras. La Biblia nos dice que cuando oramos para recibir a Jesús, Él pone al Espíritu Santo en nuestro interior. El Espíritu nos ayuda a comprender y a ver aspectos de Dios que no entendíamos.

Dios se manifiesta de muchas maneras todo el tiempo. Las tres principales son: a través de su Palabra (la Biblia), de su creación (todo lo que ves a tu alrededor) y de su pueblo (todo aquel que haya recibido a Cristo como Salvador). Si meditas en cada una de estas facetas de la revelación de Dios y mantienes tu mente y tu corazón abiertos, pronto verás que cualquier duda acerca de la existencia de Dios se desvanecerá.

La respuesta a la pregunta "¿Por qué no se nos muestra Dios?", es que *ya* lo hizo. Lo que ocurre es que tal vez hasta ahora no te habías dado cuenta. Hasta que no te acerques a Cristo no puedes ver a través de los ojos de la fe. Muchos de tus profesores y amigos se preguntan cómo puedes ver a Cristo en la creación. Lo puedes ver porque Él vive en ti y te está transformando. ¿Recuerdas la clase de astronomía que mencioné en el capítulo anterior? Ese profesor conocía acerca del universo y su funcionamiento mucho más de lo que yo jamás llegaré a saber. Sin embargo, no podía percibir al Creador: para él era mera información. En la Biblia encontramos una ilustración clásica sobre "ver sin ver". En Éxodo capítulos 1 al 15 se relata la historia de Moisés y el faraón, y de cómo Dios liberó de la esclavitud a la nación de Israel. Ambos vieron las mismas plagas y los mismos milagros. Sin embargo, Moisés creyó y se postró ante Dios, mientras que el faraón endureció su corazón y se negó a creer. El faraón vio la evidencia, pero no pudo ver más allá de lo superficial. Como el profesor agnóstico de mi hijo Daniel, condicionado por sus prejuicios personales rechazó todo argumento racional a favor de la existencia de Dios.

Moisés y el faraón observaron los mismos sucesos: Moisés vio a Dios, el faraón eligió no verlo. Mi hijo y su profesor debatieron el mismo tema: uno de ellos vio a Dios y el otro no. Cuando estoy frente al mar con los estudiantes veo a Dios, pero algunos de ellos solo ven agua.

La Biblia deja bien en claro que nadie tiene excusas en lo que respecta a reconocer la existencia de Dios. En el Nuevo Testamento, Dios dice:

"Porque desde la creación del mundo las cualidades invisibles de Dios, es decir, su eterno poder y su naturaleza divina, se perciben claramente a través de lo que él creó, de modo que nadie tiene excusa"(Romanos 1:20).

¡Dios es real! En el Salmo 19:1 la Biblia dice que los cielos y la tierra "cuentan la gloria de Dios". ¿Los escuchas?

Debate en pequeños grupos

1. ¿Cuáles son las tres maneras principales por las que Dios se revela? ¿Qué nos enseña cada una acerca de Dios?

2. ¿Estás de acuerdo en que nadie tendrá "excusas" cuando esté frente a Dios? Fundamenta tu respuesta.

La Biblia es confiable

¿Alguna vez un amigo te ha mentido?

Si te ha ocurrido, sabes que no se olvida fácilmente. Y es más doloroso aún si se trata de un amigo entrañable o de tu mejor amigo.

Considera esta pregunta: ¿Crees que Dios te mentiría?

Toma un instante para pensarlo con detenimiento. ¿Crees que es posible que el Dios del universo, el Dios que te creó a ti y todo lo que te rodea, te diría algo falso alguna vez?

Es interesante que nos hagamos esta pregunta porque en la respuesta que demos hay mucho en juego. Si Dios pudiera mentirnos, entonces los que creemos en Él nos encontraríamos en un serio problema. No podríamos saber qué partes de la Biblia son ciertas y cuáles se intercalaron para confundirnos.

Si fuera posible que Dios faltara a la verdad, sería mejor abandonar el cristianismo y dedicarnos más bien a vivir como nuestros amigos no cristianos. Si Dios pudiera mentir, no tendríamos seguridad de la vida eterna ni del perdón de los pecados, ni podríamos confiar en la bondad de Dios.

La vida cristiana depende de la premisa de que *Dios es la verdad*, y que todo lo que nos dice en la Biblia es absolutamente confiable.

¿Cómo estar seguro de que la Biblia es la verdad?

Como bien sabes, hay muchas personas que no creen que la Biblia sea la Palabra de Dios. Quizás estás rodeado de familiares, maestros y amigos que rechazan de plano la idea de que la Biblia sea algo más que otro libro religioso.

CAPÍTULO 3

¿Cómo puedes hablar con ellos de este tema? ¿Debes decirles sencillamente que crean con una fe "ciega"? Sin duda la fe tiene su lugar, pero a veces la gente se sorprende al ver que hay evidencias sustanciales de que la Biblia es la "Palabra de Dios". Consideremos algunas.

Vidas cambiadas

Un versículo bíblico expresa lo siguiente: "Así que la fe viene como resultado de oír el mensaje, y el mensaje que se oye es la palabra de Cristo" (Romanos 10:17). En otras palabras, tu fe en Dios y en su Palabra aumentará en la medida que dediques tiempo para leerla y estudiarla.

Existe un poder sobrenatural relacionado con la lectura de la Palabra de Dios. Si deseas que tu vida experimente una auténtica transformación, necesitas leer la Biblia de manera sistemática. A diferencia de otra buena literatura producida por la mente humana, la Biblia tiene como propósito transformar tu vida, no solo iluminar tu intelecto o entretenerte.

Leer la Biblia no es como leer cualquier otro libro, ya que el Espíritu de Dios, que estaba activo cuando se escribió la Palabra por medios humanos, está hoy activo en cada creyente que lee las palabras impresas en sus páginas. (Ver Hebreos 4:12.)

Cuando lees con atención la Biblia, lo que lees son las palabras que pronunció el Dios del universo con el propósito de que tengamos con Él una relación de intimidad y obediencia.

Evidencia en la Biblia misma

Reflexionar sobre la validez de la Biblia nos ayuda a considerar lo que la Biblia dice de sí misma. Hay dos pasajes fundamentales sobre este tema. El primero se encuentra en 2 Timoteo 3:16: "Toda la escritura es inspirada por Dios y útil para enseñar, para reprender, para corregir y para instruir en la justicia".

En este versículo, la expresión *inspirada* significa literalmente "por el aliento de Dios". En otras palabras, toda la Biblia viene de Dios, como si Él hubiera emitido esas palabras por medio de su aliento. Esto significa que las Escrituras son, en un sentido real, una proyección de Dios, de su carácter, sus sentimientos, sus emociones, sus deseos y su voluntad. Todas estas cosas se nos comunican por medio de su Palabra.

El otro pasaje es 2 Pedro 1:20–21. Estos versículos nos aseguran que las Escrituras no son una mera compilación realizada por un grupo de hombres piadosos reunidos en algún monasterio. La Biblia no proviene de la voluntad humana sino del accionar de hombres movidos por el Espíritu Santo. La Biblia fue escrita por gran variedad de personas a lo largo de la historia, pero detrás de todas ellas estaba Dios dirigiendo sus pensamientos, sus ideas y sus palabras.

Estos y muchos otros pasajes confirman que la Biblia declara su origen divino.

Evidencia en el mundo

Sin embargo, si la Biblia es verdad, esperaríamos ver alguna clase de prueba de su autenticidad en el mundo en que vivimos. Después de todo, muchos otros libros además de la Biblia se proclaman como la verdad. Entonces, ¿qué "evidencias externas" confirman las declaraciones de la Biblia?

En primer lugar está la arqueología. Cuando empezaste a leer la Biblia, tal vez te sorprendió la cantidad de historia que contiene. Tanto en el Antiguo como en el Nuevo Testamento abundan las referencias a ciudades, fechas, naciones y sucesos. En otras palabras, los relatos bíblicos afirman ser históricamente precisos, pero ¿lo son en realidad?

Resulta ser que la arqueología es la mejor amiga de la Biblia. En los últimos siglos los arqueólogos han excavado muchos lugares antiguos que menciona la Biblia. Es notable que ningún hallazgo arqueológico contradice ni el más mínimo detalle presentado en la Biblia como dato histórico. Millar Burrows, un arqueólogo reconocido, afirma: "En términos generales, la tarea arqueológica ha fortalecido de modo incuestionable la confianza en la veracidad del registro bíblico. Más de un arqueólogo ha comenzado a mirar con respeto a la Biblia a partir de la excavación en Palestina".[1]

Otro experto, W. F. Albright, opina lo siguiente: "No cabe ninguna duda de que la arqueología ha confirmado la historicidad sustancial de la tradición del Antiguo Testamento".[2]

También existe evidencia indiscutible en favor de la Biblia en el campo de la profecía. En la Palabra de Dios hallamos todo tipo de predicciones proféticas: profecías acerca del surgimiento y la destrucción de ciudades, acerca de la tierra y el pueblo de Israel y, por supuesto, acerca del fin del tiempo presente y el regreso de Jesucristo. Lo asombroso es que más del 75% de estas predicciones ya se cumplieron, y las que quedan por cumplirse son las referidas a los últimos tiempos.

Aunque hay profetas de los tiempos modernos que declaran conocer el futuro (como Nostradamus o Jeanne Dixon), la diferencia entre ellos y la Biblia radica en la precisión. Ninguna predicción de la Biblia ha fallado jamás, mientras que los profetas seculares rara vez aciertan.

En un caso en particular, las profecías bíblicas fueron tan concretas como para anunciar dónde nacería alguien muy especial y cómo sería su muerte, declarar que nacería de una virgen y hasta el tipo de tumba en que sería enterrado. Hay una sola persona en toda la historia cuya existencia cumplió con exactitud todas esas condiciones: Jesucristo.

Una advertencia

Tengo un amigo, Alberto, que fue criado en la fe cristiana desde niño. Jamás dudó de la Biblia; después de todo, sus padres creían que era verdad y llevaban una vida coherente con esa certeza.

Sin embargo, cuando Alberto creció comenzó a dudar de la veracidad de la Biblia. Con cautela primero, como alguien que camina sobre una delgada capa de hielo, comenzó a cuestionar los fundamentos de su fe. "¿Y si la Biblia no fuera cierta?" se preguntaba a sí mismo y a quienes quisieran escucharlo. "¿No hay acaso buenas razones para dudar de que la Biblia sea la Palabra de Dios?"

Con el tiempo, Alberto se volvió cada vez más mordaz en sus cuestionamientos, hasta que empezó a encontrar más placer en hacer preguntas que en buscar respuestas. Se esforzaba por lanzar preguntas difíciles, que en su opinión no tenían respuesta, y las usaba como evidencias en contra de la autenticidad de la Biblia. Cuando le ofrecían respuestas, las rechazaba de plano, demostrando así que no buscaba la verdad sino solo llamar la atención, en una actitud de franca rebeldía.

Ahora se deleita en leer libros filosóficos y artículos diametralmente opuestos a la Biblia.

No actúes como Alberto. Si tienes preguntas, en la Biblia hallarás excelentes respuestas que te ayudarán a entender cualquier cuestión o aparente contradicción. Cuando leas la Biblia, abre tu corazón y prepárate para encontrarte con Dios en las páginas de su Libro.

Recuerda: Él nunca te mentirá. Todo lo que la Biblia contiene es verdad. De eso puedes estar seguro.

Debate en pequeños grupos

1. En comparación con Dios, ¿cuánto se puede confiar en la gente?

2. ¿Cuándo fue la última vez que alguien te mintió? ¿Qué grado de confianza tienes ahora hacia esa persona?

3. Puesto que crees que Dios no mentirá, ¿por qué entonces a veces es tan difícil confiar en su Palabra? ¿Qué cosas podrían ayudarte a confiar en la Biblia?

El origen del mal

El informativo de la televisión presentó una dramática nota que iba más allá de lo que un ser humano es capaz de tolerar. El conductor relató la manera en que varios niños empujaron a un compañerito de apenas cinco años desde el techo de un edificio de departamentos en la zona baja de la ciudad y le causaron la muerte. Y todo por una simple apuesta.

Otra muerte trágica y sin sentido en un mundo lleno de interrogantes.

Aunque el breve relato del locutor, intercalado entre las noticias deportivas y el informe meteorológico, duró escasos quince segundos, me llevó varios días procesar las emociones que se agitaban en mi interior. Luchaba con preguntas recurrentes: ¿Por qué? ¿Dónde estaban los padres en ese momento? ¿Cómo subieron al techo? ¿Qué llevaría a un niño a hacer semejante cosa? Y la más importante de todas: ¿Dónde estaba Dios cuando ese pequeño de apenas cinco años lo necesitaba?

La existencia del mal

¿Crees que el mal existe? Por supuesto, ya que nos rodea por todas partes. Aunque no mires televisión ni leas los periódicos, en ningún lugar del mundo podrás escapar de los largos tentáculos del mal. Tal vez gran parte de ese mal esté distante y ocurra en países lejanos. Aunque las fotografías son reales, los rostros nos son ajenos.

Sin embargo, el mal también golpea cerca de nuestra casa. Tal vez conoces a alguien que sufrió heridas o murió a causa de un accidente automovilístico. O tal vez tu padre o tu madre se marcharon de casa, abandonaron a la familia y te dejaron un

CAPÍTULO 4

vacío que parece imposible de llenar. El mal nos afecta a todos, sin excepción.

El mal también está profundamente arraigado en nuestro interior. Piensa por un segundo en aquellos niños sobre el techo. ¿Cometieron ese asesinato porque sus padres se lo enseñaron? Por supuesto que no. Ningún padre sería tan necio. Ahora piensa en ti mismo, en alguna ocasión en que hiciste algo malo, por ejemplo decir una mentira. ¿Te sentaron alguna vez tus padres y te explicaron: "Mira hijo, así se dice una mentira sin que te descubran"? Seguro que tus padres nunca hubieran hecho algo así. Mentiste por tu propia decisión.

Cada vez que haces algo malo (la Biblia lo llama "pecado") confirmas que el mal existe, no solo "allá afuera" sino también en lo profundo de tu corazón. Todos, por naturaleza, tenemos una capacidad congénita para hacer lo malo. La Biblia la llama "naturaleza pecaminosa".

Piensa en el hecho más perverso del que hayas tenido noticia. A menudo escuchamos decir a la gente: "Si existe el mal, entonces Dios no existe, porque un Dios bueno no hubiera creado el mal". Sin embargo, a mi juicio la existencia del mal es coherente con lo que la Biblia dice al respecto. Allí leemos que:

* Dios no es la fuente del mal
* Dios no puede ser culpado por el mal

Dios no es la fuente del mal

¿De dónde vino el mal? Si, como dice la Biblia, Dios es bueno, entonces ¿cómo llegó el mal a dominar el mundo?

La Biblia explica que el mal se originó en una persona de nombre Lucifer. En el Antiguo Testamento, en Isaías capítulo 14, se relata lo siguiente sobre alguien que antes fue un hermoso ángel:

> Todos ellos responden y te dicen:
> "¡También tú te has debilitado!
> ¡Ya eres uno más de los nuestros!"
> Tu majestad ha sido arrojada al sepulcro,
> junto con el sonido de tus arpas.
> *¡Duermes entre gusanos,*

y te cubren las lombrices!
¡Cómo has caído del cielo,
lucero de la mañana!
Tú, que sometías a las naciones,
has caído por tierra.
Decías en tu corazón:
"Subiré hasta los cielos.
¡Levantaré mi trono
por encima de las estrellas de Dios!
Gobernaré desde el extremo norte,
en el monte de los dioses.
Subiré a la cresta de las más altas nubes,
seré semejante al Altísimo."
¡Pero has sido arrojado al sepulcro,
a lo más profundo de la fosa!
(Isaías 14:10–15; ver también Ezequiel 28:14–17)

Lucifer o Satanás, como se lo llama más adelante en la Biblia, es un ser creado que en su origen era el ángel más hermoso. Sin embargo, se le subió la hermosura a la cabeza y se volvió soberbio. Observa cuántas veces aparece en este pasaje el verbo en primera persona. En otras palabras, Lucifer actuó por su propia voluntad, no por la de Dios. Por eso Dios lo expulsó de su divina presencia.

No sabemos cómo nació el mal en el corazón de Lucifer; lo único que sabemos es que el orgullo lo consumió hasta que se puso en contra de todo lo que Dios es y hace. Dios no creó el mal, pero permitió que surgiera al dejar que sus criaturas decidieran libremente amarlo o rechazarlo. Satanás fue el primero que decidió ponerse en contra de Dios, y un tercio de los ángeles decidieron rebelarse junto con él (a estos ángeles ahora los llamamos demonios). Estos rebeldes que fueron echados del cielo continuarán su lucha contra Dios hasta el día en que Cristo regrese para juzgarlos.

Jesús habló de Satanás (que significa adversario) en términos sumamente duros. En Juan 8:44, les dijo a ciertas personas que no seguían a Dios: "Ustedes son de su padre, el diablo, cuyos deseos quieren cumplir. Desde el principio éste ha sido un asesino, y no se mantiene en la verdad, porque no hay verdad en él. Cuando miente, expresa su propia naturaleza, porque es un mentiroso. ¡Es el padre de la mentira!"

Dios no puede ser culpado por el mal
    ¿Te has preguntado alguna vez: "Si Dios es bueno, entonces por qué creó un mundo lleno de maldad"? Quizás esta pregunta, más que ninguna otra, haya sido un obstáculo para que algunas personas entregaran su vida a Cristo. La gente se pregunta si se puede confiar en un Dios que podría ser responsable del origen y la existencia del mal.
    Analicemos un poco este punto. Imagina que tienes una computadora frente a ti en este momento. Supongamos que te llamas José. Deseas que tu computadora te ame entonces escribes: "José, te amo". Simpático ¿verdad?
    De hecho, podrías hacer que tu computadora te dijera muchas cosas lindas. "¡Grande, José!" o "¡Qué atractivo eres, José!" ¿Cómo te hace sentir esto? ¿Te satisface? ¿Te produce un cosquilleo en el estómago o te enternece? A menos que estés loco de remate, no te producirá nada. Sería completamente diferente si tu mejor amigo o tus padres te dijeran esas cosas, ¿verdad?
    Cuando Dios nos creó, no quiso fabricar un montón de robots o de computadoras que solo funcionaran según la manera en que fueron programados. Él nos creó para que lo amáramos y lo siguiéramos de forma voluntaria. Sin esa elección, no hay verdadera libertad.
    Juan tuvo un buen comienzo en su relación con Dios. Asistía al grupo de jóvenes y a los cultos en la iglesia con regularidad y era evidente que estaba creciendo en su relación con Dios. Luego conoció a Micaela y su vida espiritual comenzó a ir cuesta abajo.
    El joven conocía los principios bíblicos acerca de la tentación sexual. Al comienzo de su relación sentimental, él y Micaela establecieron límites estrictos en cuanto a las caricias, pero con el tiempo esos límites comenzaron a diluirse. Empezaron con conversaciones íntimas hasta transgredir sus convicciones y tener relaciones sexuales.
    Juan se sentía terriblemente mal por lo que hacía. Sabía que era incorrecto, pero no lograba dejar de hacerlo. Cada vez que iba a encontrarse con Micaela, le pedía a Dios que no lo dejara cometer

pecado sexual otra vez, pero cuando estaban solos y crecía la pasión, inevitablemente volvían a caer. ¿Cómo reaccionaba Juan? Culpaba a Dios por no detenerlo e impedir que pecara de nuevo. Esta es la cuestión: ¿Quién es responsable por el pecado de Juan? ¿Se equivocaba Dios al no impedir que hicieran lo malo, o eran Juan y Micaela responsables de sus propias decisiones? De hecho, este juego de "pasar la culpa a otro" se practica desde que el pecado entró en el mundo. ¿Recuerdas la historia de Adán y Eva? Si lees Génesis capítulos 1 al 3, verás que Adán y Eva fueron creados perfectos, pero luego eligieron pecar y comer del único árbol del huerto que Dios les había dicho que no comieran. ¿Y qué hicieron cuando quedaron en evidencia? ¡Eva culpó a la serpiente por haberla engañado y Adán culpó a Dios por haberle dado una esposa tan necia!

Culpar a Dios es pecar contra Él. Cada vez que Juan culpaba a Dios, no se daba cuenta de que pecaba aún más, porque en esencia lo que hacía era acusar a Dios de ser malo.

¿Cómo tendría que haber reaccionado Juan? En primer lugar, debería haber aceptado la responsabilidad por sus decisiones. Dios nos ayuda cuando se lo pedimos, pero también espera cierto esfuerzo de nuestra parte. En segundo lugar, Juan no debió jamás haber pensado que Dios participa en el mal y nos hace caer en la tentación. Dios no se complace con el pecado. Él no puede pecar ni nos tienta para que lo hagamos.

Nosotros somos responsables de nuestras decisiones.

Debate en pequeños grupos

1. Describe la situación más malvada que hayas presenciado. ¿Crees que existe el mal? ¿De dónde vino? ¿Quién lo originó?

2. ¿Es malo Dios por permitir que exista el mal?

3. ¿Hasta qué punto piensas que es malo Satanás? ¿Qué podría llegar a hacer con su perversidad? ¿Debemos tener miedo de su maldad?

Que el verdadero Jesús se ponga de pie

Cuatrocientos estudiantes que ingresaban al secundario colmaban el auditorio. El vicedirector se ubicó en el estrado, detrás del micrófono.

—Permítanme referirme brevemente a las creencias personales y a la manera en que las trataremos aquí en el colegio, —comenzó mientras la multitud de estudiantes se aquietaba para escuchar—. En la escuela debemos ser tolerantes unos con otros, en especial en cuanto a las creencias religiosas, —continuó—. Debe existir el respeto mutuo y no hay que decir nada agresivo sobre la religión de los demás. Después de todo, mormones, cristianos o cualquiera sea la creencia, todos nos dirigimos al mismo Dios.

De pronto, antes de que el conferenciante pudiera continuar, se oyó una voz que provenía de algún punto del enorme auditorio.

—Eso no es cierto, —dijo la voz, que no sonaba temerosa ni irrespetuosa sino más bien valiente y confiada. Todas las cabezas se volvieron para mirar a la jovencita que estaba de pie en medio de todos sus compañeros sentados—. Nadie puede llegar a Dios sino por medio de Jesús.

Mientras imaginas la escena, detente un momento para analizar la situación: cientos de estudiantes, un típico acto escolar, el auditorio colmado y una afirmación falsa en boca de un vicedirector, una información incluso peligrosa para la vida espiritual de los jovencitos.

Ahora detente a observar a la muchacha que habló: no es una superestrella ni una chica que busca llamar la atención, y por cierto no aspira al título de "reina de la popularidad". Es solo una estudiante común y corriente que desea que la gente sepa la verdad.

CAPÍTULO 5

Antes de continuar con nuestro análisis, hazte la siguiente pregunta: ¿Hasta qué punto estás seguro de que Jesús es el único camino que nos lleva a una relación con Dios? ¿Estás convencido en un 100%? ¿En un 50%? ¿En un 10%? ¿O está en lo cierto el vicedirector cuando afirma que hay muchas maneras de alcanzar la vida eterna?

Sigamos con la escena. El auditorio permanece en pasmoso silencio mientras la jovencita se sienta. El vicedirector se traba con las palabras y luego continúa con los temas que tiene anotados para esa mañana. Enseguida suena el timbre y todos corren hacia la puerta para dirigirse a clase.

En realidad, nada espectacular. El momento tenso que se vivió en el salón pronto pasa al olvido y la vida del colegio continúa sin interferencias. A espaldas de la chica, algunos se burlan pero, en general, todo lo ocurrido pronto deja de ser noticia.

El increíble nombre de Jesús

La enseñanza que deja esta historia real no es que debamos ponernos de pie en cada conferencia y desafiar toda afirmación equivocada. De ninguna manera. El aspecto central de la historia es que una joven estudiante estaba tan segura de que Jesús es el único camino a Dios que no dudó en ponerse de pie para dar a conocer la verdad. Nadie lo haría si solo creyera a medias.

Lee lo que la Biblia dice acerca de Jesús en Hechos 4:12.

Muchas personas sostienen que hay diferentes maneras de alcanzar el cielo y que todas las religiones en el fondo son iguales. La Biblia enseña algo completamente diferente. En realidad, es excluyente. Jesús no comparte el trono con Mahoma, ni Buda, ni Shirley MacLaine ni el movimiento de la nueva era. Es más, ¡la Biblia condena a quien pretenda poner a cualquier otro en el mismo nivel que Jesús! Fuera de Él, no hay otro camino al Padre. (Ver 1 Timoteo 2:5–6.)

¿Cómo te sientes al escuchar que el camino es tan estrecho? Muchas personas se sienten frustradas y enojadas porque temen que Dios cometa una injusticia. Piensan que no está siendo tolerante con las demás religiones. "Yo creía que Dios era un Dios de amor", dicen. "¿Cómo pudo Dios crear una senda tan angosta y de esa forma excluir a tantas personas sinceras que pertenecen a otras religiones?" Hay varios hechos que nos ayudan a entender por qué Jesús es el único camino a Dios. En primer lugar, es el único líder religioso que sigue vivo. Mahoma, Buda, José Smith y otros están muertos. Están sepultados en una tumba en algún lugar y han permanecido allí por cientos o tal vez miles de años. Jesús, en cambio, está vivo. Resucitó de entre los muertos, y por esa razón Dios atrae hacia Él a quienes desean pasar de muerte a vida. ¿Por qué habría Dios de atraer a la gente hacia alguien muerto? No tendría sentido. Sin embargo, Jesús está vivo y vive con el Padre en la gloria celestial.

En segundo lugar, Jesús es el único hombre que vivió sin cometer pecado. ¿Puedes imaginarte un día, una semana o hasta un mes sin hacer nada malo? ¿Serías capaz de no tener ningún mal pensamiento, ningún impulso egoísta, ni siquiera uno? Ahora imagina una vida entera vivida de esa manera. Para ti y para mí sería algo absolutamente imposible, como lo fue también para Mahoma y para Buda. Sin embargo, no fue imposible para Jesús. (Ver Hebreos 4:15.)

Aunque es Dios, Jesús es también el único ser humano perfecto, sin pecado. Como hombre, Él puede entender nuestras luchas diarias. Él enfrentó todas las tentaciones que nosotros tendremos (y tal vez más). Sin embargo, no cedió ante ninguna. Por esa razón, puede identificarse con nosotros en nuestras tentaciones y al mismo tiempo darnos una salida para que venzamos nuestra tendencia natural a rebelarnos contra Dios.

Esta es la verdad: la gente puede tener una experiencia religiosa con cualquier clase de líder que decida seguir, pero solo por medio de Jesús es posible acceder a una relación personal con el Padre. Esto se debe a que Jesús está vivo hoy, y a que llevó una vida sin pecado. (Ver 2 Corintios 5:21.)

No te conformes con menos

Después de varios años, Tomás visitó a quien había sido su pastor. Durante la escuela secundaria, si bien había sido una persona solitaria y con pocos amigos verdaderos, Tomás había integrado el ministerio juvenil. Apenas el pastor abrió la puerta de su casa, Tomás se mostró entusiasmado por contarle que su vida estaba cambiando para bien.

—Pastor, quiero que sepa que me va muy bien con el Señor, —dijo—. Conocí a una chica, me invitó a la iglesia mormona y ahora sí que camino con Dios.

Tomás pertenecía a una familia conflictiva y había crecido bastante solo. Siempre había anhelado algo que le diera seguridad. Cuando se enamoró de esta chica, también se enamoró del afecto y la aceptación que experimentó al compartir con la familia de ella.

El pastor estaba contento de ver feliz a Tomás, pero tuvo que decirle la verdad sobre lo que le estaban enseñando. Por maravillosos y agradables que fueran su novia y la familia, le estaban presentando a un Jesús falso, un Jesús muy distinto del que encontramos en la Biblia. Aunque produzca una buena impresión, un Jesús falso no puede salvar. Es lo mismo que no tenerlo.

—Dices que estás caminando con Jesús —le advirtió el pastor—, pero no es así.

—Sí, sí que lo hago —insistió Tomás.

—No, no es así —continuó el pastor—. Se trata de una experiencia religiosa, pero no es una experiencia con el Jesús de la Biblia, el único que puede salvarnos de nuestros pecados. El Jesús de los mormones es un ser creado, no el Dios eterno de la Biblia, que es igual al Padre.

Lee Gálatas 1:8–9. Tal vez tengas amigos mormones o testigos de Jehová. Debes saber que el Jesús que enseñan no es el Jesús de la Biblia. Un evangelio diferente puede hacer que una persona se sienta bien, que tenga una buena familia, que disfrute la vida y consiga muchos amigos. Sin embargo, no es una relación con el Dios vivo y verdadero. Solo el Jesús de la Biblia tiene poder para salvarnos de nuestros pecados.

Y en lo que se refiere a la vida eterna en el cielo, la Biblia afirma claramente que hay un solo camino: Jesucristo. Así lo expresa en Juan 14:6 el mismo Jesús, cuando dice:

"Yo soy el camino, la verdad y la vida —le contestó Jesús—. Nadie llega al Padre sino por mí."

Debate en pequeños grupos

1. ¿Es una actitud rígida de parte de Dios permitir que la gente se salve solo por medio de Cristo?

2. ¿Por qué es importante que Jesús sea el único camino de la salvación?

3. ¿Qué pasa si una religión enseña a la gente a creer en Jesús, aunque no se trate del Jesús de la Biblia? ¿Te parece correcto confiar en un Jesús falso, que no es plenamente Dios y plenamente hombre?

PARTE 2
El carácter de Dios

Dios es omnipresente

En el grupo todos conocían a Celia. Era una fiel creyente, una líder estudiantil y estaba llena de convicciones sobre cómo vivir la vida cristiana.

También se estaba volviendo hipócrita.

En lo íntimo de su corazón, donde solo Dios podía ser testigo de lo que se estaba gestando, Celia empezó a alejarse del Dios del universo. Aunque había sido líder en el grupo juvenil de la iglesia, con el tiempo empezó a apartarse. Al principio fue un cambio imperceptible: faltar a una que otra reunión, pasar por alto el estudio bíblico, ir cambiado los amigos íntimos creyentes por otros que no eran cristianos.

Cuando Celia se dio cuenta de que se estaba alejando de las cosas de Dios, no corrigió el rumbo equivocado que había elegido, sino que empezó a evitar a los chicos de la iglesia. Se escondía detrás de los armarios del vestuario o sumergía la cabeza en la revista que estaba leyendo en la biblioteca. Hacía cualquier cosa con tal de que no le preguntaran por qué no iba a los encuentros del grupo de jóvenes. Pensaba que si eludía a esos amigos, evitaría enfrentarse al enfriamiento de su corazón.

Con el tiempo, adoptó una postura crítica hacia la iglesia para así justificar por qué ya no asistía. Quizá pensaba que podía engañar al Señor de la misma manera que a sus amigos.

Celia estaba eludiendo la presencia de Dios.

Adán y Eva tuvieron el mismo problema. Después de pecar intentaron esconderse de Dios, porque se sentían avergonzados. No creían que Él estaba en todas partes, y entonces trataron de huir de su divina presencia. Querían impedir que Dios conociera su secreto; esperaban que no se diera cuenta de lo que habían hecho.

CAPÍTULO 6

Hoy ocurre lo mismo. Muchos creen que pueden esconderse de la presencia de Dios, pero no saben que Dios está en todas partes y es imposible encontrar un sitio donde no pueda vernos. Para quien lo busca puede ser un consuelo, pero para quien quiere ocultarse ¡es una verdadera calamidad!

¿Dónde está Dios, después de todo? Consideremos varias cosas que nos dice la Biblia.

Dios está en el cielo. Aunque se discute dónde está ubicado el cielo, sabemos que es un lugar de una luz y una belleza increíbles. En la Biblia se describe como el lugar donde residen Dios y sus ángeles. (Ver Eclesiastés 5:2.)

Dios no está limitado por el universo conocido. Él reside más allá del espacio y del tiempo. Si viajaras hasta la estrella más remota de la galaxia más lejana del universo, Dios estará allí y también aun más allá. Dios es infinito: no tiene ni principio ni fin. Él siempre existió, y todo lo que nos rodea, incluso el tiempo, fue creado por Él.

Dios estará presente en el infierno. Aquellos que rechazan a Cristo y la luz que Él les ha dado, vivirán por toda la eternidad bajo la ira de Dios. Como no recibieron el regalo del pago por nuestros pecados que Cristo hizo en la cruz, pagarán por siempre la condena por sus pecados. Sin embargo, aun en esa existencia dolorosa y solitaria, Dios estará allí.

Dios existe en el más pequeño de los elementos creados. Piensa en el átomo, una de las partes más pequeñas que componen el universo físico. Dios también está allí, al nivel de los componentes del átomo. (Ver Colosenses 1:17 y Salmo 139:7–12.)

La actividad de Dios

¿Has pensado alguna vez en cuántos lugares está Dios al mismo tiempo? Menciono varios.

- Dios está presente en todas las naciones del mundo.
- Dios está presente en las profundidades del océano.
- Dios está presente en medio del desierto deshabitado.
- Dios está presente en el Polo Norte, donde solo deambulan animales.
- Dios está presente en la inmensidad del universo que ningún ser humano llegará a explorar.

- Dios está presente en tu vida en cada segundo de cada día, sea que pienses o no en Él. Imagina las horas, los minutos y los segundos que pasan día tras día en que ni siquiera eres consciente de su existencia. Aun así, Él nunca te deja ni te abandona.

- Dios está presente en la vida de los no cristianos, aun de aquellos que dicen odiarlo. Piensa en alguien que declare odiar a Dios, que ataque a la Biblia y a los cristianos y le encante discutir con la gente sobre que Dios no existe. Sin embargo, una vez finalizada la discusión, cuando se marche, en realidad no estará solo: Dios está allí. Cuando ingrese a su habitación, allí estará Dios. Cuando duerma a la noche, Dios estará allí. Esta persona jamás podrá escapar de la presencia de Dios.

- Dios está presente cuando ocurre algo malo, si bien no lo provoca. Piensa en alguien que haya cometido crímenes horribles, como un asesino serial o un francotirador que haya matado en forma indiscriminada. Tal vez ese asesino no haya sido capturado. Nadie sabe quién es, por qué cometió ese crimen ni cuáles fueron las circunstancias que lo rodearon. Nadie lo sabe, es decir, nadie salvo el delincuente y Dios. El asesino que escapa piensa que nadie conoce su delito, que nadie lo vio. ¡Se equivoca! Dios estaba allí y vio todo lo que ocurría en ese perverso escenario. En realidad, aunque logre escapar de la justicia humana, llegará el día en que Dios hará verdadera justicia con esta persona. Lo sabemos porque Dios está en todas partes y todo lo ve.

- Dios está en el pasado, en el presente y en el futuro porque Él no está atado al tiempo. Este es un concepto asombroso que escapa a nuestra comprensión. Sin embargo, es la verdad.

¿Por qué actuamos como si Dios no estuviera en todas partes?

Ahora que has entregado tu vida a Cristo, tu prioridad principal debería ser llegar a conocer al Dios del universo. Y no solo con tu intelecto, como si estudiaras para un examen. Para llegar a conocer a Dios, es preciso ser conscientes de que Él está con nosotros a cada instante y todos los días.

Sin embargo, hay ocasiones en que preferiríamos que Dios no observara lo que estamos haciendo. Nuestra naturaleza carnal querría que Dios fuese como aquel genio de la lámpara, algo así como un espíritu mágico que aparece de inmediato cada vez que pronunciamos un deseo, pero que el resto del tiempo nos deja solos. Cuando pecamos, por lo general nos olvidamos de Dios. El pecado logra ocupar nuestros pensamientos a tal extremo que ni siquiera nos acordamos de que Dios existe. Eso es lo que le ocurría a un joven llamado Nicolás cada vez que él y su novia pasaban los límites en su conducta sexual. Nicolás y Jimena asistían con regularidad a la iglesia y participaban del grupo de estudio bíblico. Lo asombroso es que con frecuencia, a los diez minutos estaban en el auto del muchacho prodigándose besos y caricias íntimas que los estimulaban sexualmente. Olvidaban que el Dios del que habían estado estudiando un momento antes estaba con ellos en el vehículo.

Si Nicolás y Jimena se hubieran detenido un momento para decir: "Sabemos que Dios está aquí con nosotros", probablemente se habrían sentido incómodos e interrumpido su conducta inmoral. Olvidar que Dios está presente es abrir las puertas al pecado.

Otro joven, Santiago, procura tener presente que Dios está siempre con él. Cuando está en su automóvil, escucha música y empieza a alabar y a adorar al Señor, sin importarle lo que puedan pensar de él los conductores que van por el otro carril. Santiago sabe que no necesita ir a un lugar determinado ni al templo para comunicarse con el Dios vivo. Es consciente de que Dios no está confinado a un lugar sino que está siempre con él, dondequiera que vaya.

A veces decide dar una vuelta en el auto con el único propósito de estar a solas con su Salvador. Suena un poco loco, pero a él le sirve. Como Dios es omnipresente, está siempre disponible para que lo invoquemos, lo adoremos y disfrutemos de su presencia divina.

Dedica tiempo a concentrar tu atención en Dios; Él siempre está contigo, dondequiera que vayas. Consigue buena música de adoración y escúchala mientras vas en el automóvil o en tu habitación cuando estudias. Deja tu Biblia cerca de la cama para así acordarte de pasar un momento con Él o, lo que es mejor todavía, consigue un Biblia de bolsillo y llévala contigo a todas partes. Haz lo que sea necesario para estar siempre consciente de la presencia de Dios. Recuerda: Él es un "amigo más unido que un hermano" (Proverbios 18:24, LBLA).

Debate en pequeños grupos

1. Enumera algunas formas concretas que pueden ayudarte a cultivar la presencia de Dios en todo tipo de situación. Comienza con las situaciones más difíciles.

2. ¿Crees que el pecado hace que la gente olvide que Dios está presente? Da un ejemplo.

Dios es omnisciente

Hay personas que parecen saberlo todo.

Como ese chico o chica que estudia media hora y logra la nota más alta, mientras otros dedican dos o tres horas y apenas logran la nota mínima.

Ya sabes a qué me refiero: son esos que están siempre sentados frente a la computadora, día y noche, y absorben información como una esponja. Algunas personas son brillantes por naturaleza y yo soy, digamos, término medio. Cada vez que me tocaba dar un examen en la escuela, sabía quién iba a levantarse primero para entregar las hojas... y no era yo. Casi siempre era el último en irme, mientras la profesora tamborileaba con los dedos sobre el escritorio, con la esperanza de que yo terminara antes que oscureciera.

El conocimiento es interesante. No importa cuánto conocimiento tenga una persona, nunca es suficiente. Piensa en la persona más inteligente que hayas conocido. Es probable que no esté satisfecho con lo que sabe, aunque sepa más que la mayoría de la gente.

La persona más brillante que conozco es un amigo de años. Puede hablar largo rato sobre casi cualquier tema, en especial porque puede llegar a leer hasta 20 libros por semana y recordar la mayor parte de lo leído. Es también un excelente escritor que no solo tiene un profundo conocimiento de los temas sobre los que escribe sino que además sus escritos responden a preguntas que nunca se me hubiera ocurrido plantear.

Aun así, ni siquiera este gran amigo lo sabe todo. Recuerdo una ocasión en que le hice una pregunta y respondió con un simple: "No sé". Yo me quedé atónito. Había empezado a creer que él lo sabía casi todo. Confiaba tanto en su

CAPÍTULO 7

opinión sobre distintos temas que en cierto modo me desilusionó escuchar su respuesta. Eso nunca nos ocurrirá con Dios. La Biblia deja en claro que Dios lo sabe todo y no existen límites para su conocimiento. En 1 Juan 3:20 se nos dice que Dios "lo sabe todo". Si lo pensamos un poco, esta simple afirmación encierra una gran profundidad.

¿Cuánto sabe Dios?

¿Puedes imaginar a alguien con la suficiente audacia como para proclamar que lo sabe todo (eso significa la palabra *omnisciente*)? Hay que tener agallas para decir algo así. En realidad, la única persona que tiene derecho a hacerlo es Dios, y es lo que hace. Dedica algunos momentos a leer y a pensar sobre los siguientes versículos:

* Job 28:24
* Job 36:4
* Salmo 33:13
* Salmo 38:9
* Isaías 40:26
* Jeremías 23:24

¡El conocimiento de Dios es asombroso! Todo lo que podríamos llegar a saber, Dios ya lo sabe. Su conocimiento y sabiduría son infinitos. Eso significa que aquellos que pasen la eternidad en su divina presencia nunca terminarán de aprender de Dios.

Sin embargo, veámoslo desde un punto de vista práctico. ¿Qué cosas conoce Dios?

Primero, Él sabe cuántos cabellos tiene tu cabeza (Mateo 10:30). ¿Por qué habría de importarle a alguien ese dato? Dios lo sabe, porque lo sabe todo. No necesita sentarse a contarlos; lo sabe porque es Dios.

Segundo, Él sabe cuántas estrellas hay en el cielo. El ser humano hace todo lo posible por sondear la vasta oscuridad del espacio, con instrumentos como el telescopio Hubble. Es probable que Dios bostece ante nuestros esforzados intentos. Él lo sabe todo acerca del universo, hasta los rincones más lejanos del espacio que ni siquiera sabemos que existen. A Él no le cuesta entender las leyes que regulan la rotación de los planetas, los asteroides, los sistemas solares y las galaxias. Todo eso es como un juego de niños. ¡Dios tiene miles de millones de respuestas para preguntas que nosotros ni siquiera somos capaces de plantear!

Tercero, Él sabe el día que morirás (Salmo 139:16). Poca gente se dedica a pensar en la muerte, y está bien que así sea. A menos que Jesucristo vuelva de aquí a 50 o 100 años, todos los que están leyendo este libro hoy habrán pasado por la experiencia de la muerte. Y Dios sabe cuándo, dónde y cómo ocurrirá ese hecho.

Luis asistió a la reunión juvenil un miércoles por la noche y escuchó a un jugador profesional de fútbol hablar sobre lo que significa tener una relación personal con Jesucristo. Luis era nuevo en la iglesia y se sintió impresionado cuando el invitado dijo: "Nadie lo sabe, tal vez esta sea tu última noche o esta sea la última semana de tu vida. No sabemos cuánto tiempo nos queda en la tierra".

Cuando terminó la reunión, Luis se acercó para hacerle preguntas acerca de Cristo y de lo que significa llegar a ser hijo de Dios. Tres días más tarde, Luis murió en un accidente automovilístico.

¿Sabía Luis lo que estaba a punto de suceder? No, pero Dios conocía el día, la hora y el momento preciso en que se acabaría la vida de Luis en este mundo. Y lo sabe respecto de cada uno de nosotros.

Cuarto, Dios sabe si te vas a casar y, de ser así, con quién lo harás y cuántos hijos tendrán. Trata de imaginarte de aquí a 20 años. ¿Puedes? ¿Sabes qué apariencia tendrás, dónde vivirás, qué trabajo desempeñarás o en qué tipo de casa residirás? Por supuesto que no puedes saberlo con precisión. Tal vez sepas qué te gustaría estar haciendo dentro de 20 años, pero ninguno de nosotros sabe con exactitud cómo será.

Imagina cuando dentro de 20 años te prepares para la graduación de la escuela secundaria de tu hijo. Te sientas en la butaca mientras la banda toca la música y tu hijo avanza por el pasillo. Se parece a ti y tiene muchos de tus rasgos. ¡Te sientes orgulloso! Tu cónyuge está a tu lado y toma tu mano con fuerza. Ambos están un poco más rellenitos que ahora; tienes menos cabello si eres varón y con más arrugas si eres mujer. Es un poco difícil de imaginar, ¿verdad? pero Dios ya sabe cómo será. Él conoce cada detalle de tu pasado, tu presente y tu futuro. Él está más allá del tiempo y el espacio.

Quinto, Dios sabe si seguirás siéndole fiel. Piensa por un momento en la historia de Judas, en la Biblia. Él era uno de los doce seguidores más cercanos a Jesús. Como discípulo, Judas pasó mucho tiempo al lado de Jesús, escuchando sus enseñanzas, observando cuando hacía milagros y aprendiendo acerca de Dios al verlo en acción. No creo que Judas supiera que algún día él traicionaría a Cristo y lo entregaría a las autoridades para que lo mataran. Sin embargo, Jesús lo sabía. Durante la última cena que compartieron, cuando Jesús estaba dando las instrucciones finales a sus discípulos, Él sabía que cuando Judas se deslizó hacia la oscuridad de la noche, salía con el propósito de entregarlo, pero Jesús lo amaba. (Ver Juan 13.)

Mi oración sincera es que ninguno de los que lean este libro se aparte jamás de Cristo sino que se mantenga fiel y lleno de fruto durante toda su vida. Sin embargo, aun si te apartaras de Él por un tiempo, Dios sabe con exactitud cómo ocurrirá y qué hará falta para atraerte otra vez a la íntima comunión con Él.

Sexto, Dios conoce a todas las personas que han vivido a lo largo de la historia de la humanidad, incluso los nombres de todos los que viven en la actualidad. ¿Sabes el nombre de tu tatarabuelo? Probablemente no. Aunque lo supieras, es imposible que lo conocieras en forma íntima: su forma de reír, sus experiencias, los sueños que tenía para su familia, sus esperanzas y sus temores.

Hoy, después de varias generaciones, ya no queda nadie que haya conocido en forma personal a tu tatarabuelo. Es probable que se recuerde poco o nada de él. Sin embargo, Dios lo recuerda, de la misma forma que conoce a cada uno de los miles de millones de individuos que han vivido sobre la tierra desde que creó a Adán y Eva.

Séptimo, Dios conoce cada paso que darás, las palabras que vas a decir, los pensamientos que pasan por tu mente a cada momento del día. Lee el Salmo 139:1–4; allí se nos dice cuánto sabe Dios acerca de ti y de mí.

Fíjate en Hebreos 4:13. Para Dios no hay secretos. Podemos engañar a quienes nos rodean, pero no podemos esconder de Dios lo que somos en la intimidad.

Octavo, Dios sabe cuándo se acabará el mundo tal como lo conocemos. Para Él no hay sorpresas, y su magnífico plan para este mundo se cumple tal cómo lo dispuso. Todos los sucesos que se mencionan en el Apocalipsis están ocurriendo tal cómo Él lo anunció. Incluso hallamos un pasaje bíblico que se refiere al juicio final. (Ver Apocalipsis 11:18.)

¿Qué pasaría si Dios no lo supiera todo?

* El universo sería un caos. Solo una inteligencia sobrenatural puede evitar que los planetas choquen entre sí, lograr que la tierra rote sobre su propio eje y se mantenga a la distancia apropiada del sol.
* Dios podría declarar que es un ser poderoso, pero no tendría autoridad para decir que es el único Dios. Si no fuera omnisciente, no podría saber si existe o no otro Dios.
* No podría prometernos la vida eterna, porque no tendría manera de saber si sería capaz de sustentar a los suyos para siempre.
* No podría haber predicho la venida del Mesías en los escritos del Antiguo Testamento.
* No podría conocernos de manera integral, porque dependería de la observación.

Lo que hace que Dios sea un Padre maravilloso es que nos conoce tan bien. Conoce todas nuestras necesidades y sabe cómo satisfacerlas de la mejor manera.

Beneficios de pertenecer a un Dios que lo sabe todo

* Podemos confiar en todo lo que Dios dice acerca de sí mismo.
* Podemos confiar en que, cuando oramos, Dios ya sabe de qué le estamos hablando.
* Podemos estar seguros de nuestra salvación. Lee Juan 10:28–29; verás que allí dice algo sumamente reconfortante. Solo un Dios que lo sabe todo podría hacer una afirmación semejante. Un dios que necesita aprendizaje, crecimiento y desarrollo constante jamás podría brindar esta clase de seguridad eterna.

En Job 37:16 se nos dice que el Dios de la Biblia es "perfecto en conocimiento"(LBLA). Este es el Dios que te ama de manera cabal, que busca con diligencia tu amistad y que te conoce a la perfección.

Debate en pequeños grupos

1. ¿Por qué es importante que Dios no pueda aprender?

2. Puesto que para Dios no hay secretos, ¿por qué a veces simulamos que no conoce nuestros pensamientos?

Dios es omnipotente

Desde todo punto de vista Ricardo era un jovencito bastante engreído. Era atractivo, tenía un lindo auto y siempre era objeto de las miradas y los comentarios de las chicas. Daba la impresión de que no le faltaba nada.

Sí, Ricardo tenía el mundo en sus manos, pero era lamentable que el mundo se hubiera apoderado del corazón de Ricardo. Era un ganador y lo sabía. El problema era que le gustaba esa sensación altiva de confiar en sí mismo en lugar de confiar en Dios. No le importaba dejar a Dios en la periferia de su vida.

Una vez que se realizaba el retiro anual en la playa, Ricardo tuvo que conducir solo y de noche hasta el lugar. Disfrutaba del rugido del motor de su automóvil mientras aceleraba por la ruta costera, tomando las curvas a toda velocidad y soñando con las chicas nuevas que conocería al llegar. Sabía que no iba al retiro para escuchar la Palabra de Dios sino que era solo una excusa para conocer muchachas bonitas.

De pronto se le cruzó un vehículo que lo trajo de golpe a la realidad. Pisó los frenos de manera instintiva y la parte posterior de su auto zigzagueó peligrosamente. Ricardo intentó recuperar el dominio del auto, pero giró el volante en exceso y salió despedido de la ruta. El automóvil golpeó contra la banquina, y dio una vuelta completa en el aire hasta quedar con las ruedas hacia arriba en la cuneta. A Ricardo le pareció que todo ocurría en cámara lenta: papeles, ropa y compactos flotaban por el aire hasta que el vehículo aterrizó sobre el techo.

El auto todavía se estaba sacudiendo un poco mientras Ricardo, cabeza abajo, se desabrochó el cinturón de seguridad y se deslizó por el hueco de la ventanilla hecha añicos.

CAPÍTULO 8

Tambaleante, trepó hasta la mitad del terraplén en dirección a la ruta y luego volvió la mirada hacia el vehículo destruido. Las cuatro ruedas giraban en el aire mientras el aceite, el combustible y el agua del radiador se derramaban y formaban charcos debajo del auto. Recién allí, Ricardo prestó atención a su persona. Aunque esperaba verse ensangrentado, no había sangre por ningún lado. Se pasó las manos por la cara, los brazos y las piernas y comprobó que no tenía ni un rasguño en todo el cuerpo.

En ese momento, Ricardo hizo algo que reveló con total claridad la arrogancia que había en su corazón. En lugar de agradecer a Dios por estar vivo e ileso, levantó los puños hacia el cielo y gritó: "Ya ves, Dios, ni siquiera tú puedes vencerme".

¡Increíble! Un jovencito se atrevía a desafiar al Dios del universo. Ricardo estaba convencido de ser invencible y de que ni siquiera Dios podía humillarlo.

Finalmente llegó al retiro. Aunque escuchó los mensajes y masculló algunas de las canciones de adoración, su corazón se mantuvo indiferente. Su mente estaba en las chicas, no en el Padre.

¿Cuánto poder tiene Dios?

Al pensar en Dios, ¿en qué piensas? La respuesta es vital, porque casi siempre la raíz de nuestros razonamientos y nuestras conductas erradas se originan en la percepción equivocada que tenemos de Dios.

¿Crees que Dios es poderoso? Si es así, estás en un todo de acuerdo con lo que la Biblia afirma. (Ver Jeremías 32:17.) Piensa de qué maneras Dios es todopoderoso.

Dios puede crear algo de la nada

Imagina lo difícil que sería construir una casa si no tuvieras materiales para hacerlo. Si quisieras madera, tendrías que plantar un árbol, esperar su crecimiento y luego cortarlo una vez que alcanzara la altura necesaria. Para obtener vidrio tendrías que mezclar arena y agua, ingeniarte para encender fuego y luego darle forma a las ventanas. Lo mismo si se tratara de acero, plástico, porcelana, revestimientos y cualquier otra clase de materiales que se requieren para construir un edificio. Dios, en cambio, no tuvo materiales con los cuales empezar, ni siquiera una semilla para que creciera un árbol. Esto es apenas un atisbo de lo que Dios hizo cuando por su palabra produjo la existencia del mundo. Él creó los elementos esenciales de la materia y también la vida. Esto requiere un inmenso caudal de poder.

Dios creó el universo
Los científicos se asombran de manera continua frente a la intrincada complejidad del universo que nos rodea. A medida que excavan en el suelo, sondean en el cielo o indagan las células con poderosos microscopios, más perciben las huellas de un poderoso diseñador que controla toda su creación.

Dios creó al ser humano a su imagen
La complejidad del funcionamiento de nuestro organismo es en verdad asombrosa. Miles y miles de kilómetros de vasos sanguíneos se abren paso entre los órganos vitales que trabajan coordinadamente para mantenernos con vida. Sin embargo somos algo más que seres físicos; también tenemos mente, emociones y voluntad.

En realidad, Dios tiene el poder de sustentarte con vida y es quien te permite respirar mientras lees este libro. Su poder te sostiene física, emocional y espiritualmente, hasta que Él decida que es el momento de llamarte. Entonces te sustentará en su presencia para siempre.

Dios es más poderoso que las naciones más poderosas de la tierra.
Lee Salmo 22:28. Intenta imaginar cuántos misiles y explosivos existen hoy en el mundo. Se dice que la humanidad tiene poder para destruirse a sí misma varias veces. Si has visto imágenes de Hiroshima, sabes lo devastadora que puede ser una explosión nuclear. Imagina lo que ocurriría si cientos o miles de bombas estallaran al mismo tiempo. Es un poderío impresionante.

Aun así, Dios es infinitamente más poderoso que cualquier arma inventada por los seres humanos. En realidad, es imposible pensar en algo que tenga más poder que Dios. Lee 2 Crónicas 20:6.

El poder de Dios nos da seguridad

¿Te acuerdas cuando pensabas que tu papá era un superhéroe? Cuando eras pequeño, seguramente palpabas sus músculos y le tirabas del vello de los brazos. Cuando luchaban en el suelo él te dejaba ganar, a pesar de que ambos sabían que podía vencerte las veces que quisiera. Los niños que tienen un papá fuerte se sienten protegidos y seguros.

De la misma manera, podemos sentirnos protegidos y seguros por tener un Padre celestial poderoso, que cuida de nosotros. Es una tranquilidad saber que Dios es más grande que cualquier enemigo que enfrentemos.

¿Qué cosas nos confirman el poder de Dios?

En primer lugar, es bueno saber que a Dios no le cuesta en absoluto ejercer su poder. Dios no necesita transpirar para lograr que ocurran las cosas.

En segundo lugar, el poder de Dios está a nuestro alcance, cualquiera sea el tipo de batalla que enfrentemos. (Ver Salmo 24:7-10.)

Dios te dará el poder que necesites para salir victorioso en cualquier situación. Antonio y su amigo a menudo van al centro de la ciudad para tratar de conversar con la gente acerca de Cristo. Llevan mantas y café para compartir con los que viven en la calle. Un día ofrecieron café a un hombre que vivía en el banco de una plaza.

—Cristiano de … —dijo el hombre—. Si de veras eres cristiano, ¿pondrás la otra mejilla mientras te pego?

Antonio quedó paralizado de miedo, pero sintió que Dios iba a protegerlo si él ponía la otra mejilla. Mantuvo los brazos a los costados del cuerpo y, sin decir una palabra, ofreció la cara. Por el rabillo del ojo vio cómo el hombre levantaba la mano para pegarle, pero lentamente volvía a bajarla.

—Ajá… ¿y qué tal si te pido el abrigo? ¿No dijo Jesús que si alguien te lo pide debes dárselo? Dame tu abrigo —dijo el hombre.

Antonio lo miró, mientras oraba en silencio pidiendo a Dios que le indicara qué debía hacer.

—Sí, Jesús dijo eso y es un gusto dártelo en su nombre. —Se quitó el hermoso pulóver y se lo dio —. Tómalo, es tuyo.

La expresión del hombre se suavizó. Permaneció callado por un momento, mirando a Antonio como si estuviera frente a un fantasma. —Nunca conocí un cristiano como tú. Tienes mucha fe en tu Dios, ¿verdad?, —comentó en forma respetuosa el vagabundo mientras se marchaba.

Antonio se sintió complacido por haber confiado en el poder de Dios para reaccionar en esta singular situación. Sabía que no sería sabio dar su ropa a todo el que se la pidiera, pero en este caso sintió que Dios lo impulsaba a hacerlo. Estaba aprendiendo a confiar en Dios en todo momento y necesidad, aun en el marco de un episodio tan extraño como ese.

Es probable que las batallas que te tocará enfrentar sean diferentes de la que experimentó Antonio ese día invernal en el centro de la ciudad. Estas luchas se presentan de diversas formas, tamaños e intensidades, pero tienen algo en común: podemos ganarlas todas si permitimos que Dios muestre su poder a través de nosotros. (Ver Efesios 3:20–21.)

En tercer lugar, es reconfortante saber que Dios tiene poder para cuidar tu alma. (Ver Juan 10:26–28.)

Es importante que entiendas que si has nacido de nuevo al aceptar a Cristo en tu corazón y le has pedido con sinceridad que perdone todos tus pecados, entonces le perteneces a Él para siempre. Nadie puede arrebatarte de sus manos.

Lee 1 Juan 5:11–13. Este pasaje nos da la seguridad de que si Jesús vive en nosotros, tenemos vida eterna.

La verdad es que nadie podrá separarte jamás del amor de Dios. Eso muestra lo grande que es su amor y su cuidado.

Por último, es bueno saber que Dios tiene el poder para transformar a las personas en su interior.

Una historia que sucedió en Camboya lo ilustra con claridad. Un criminal que dirigía un campo de tortura entregó su vida a Cristo hace algunos años. El partido Jemer Rojo estuvo en el poder en la década del 70 y fue responsable del genocidio de más de un millón de camboyanos durante ese régimen de terror. Este hombre, conocido como Duch, fue el director de la prisión del Jemer Rojo entre 1974 y 1979, y en ese lugar torturó y mató a miles de personas por su propia mano.

Un pastor camboyano que reside en Los Ángeles relata la conversión de Duch. Abrumado por la culpa, Duch asistió a reuniones cristianas donde escuchó sobre el perdón de Cristo. En un primer momento tenía dudas de que él pudiera ser perdonado, pero finalmente recibió la Palabra con gozo y fue bautizado después de confesar su fe. Luego inició una iglesia en su propio pueblo, antes de ser arrestado por las autoridades de Camboya. ¿Puede Dios perdonar a alguien que hizo algo tan perverso? Sí, por el increíble poder de la cruz. Dios puede hacer lo que a nosotros nos parece imposible. A medida que conozcas más y más a Dios a través de su Palabra, hallarás que resulta cada vez más fácil confiar en Dios y descansar en su asombroso poder.

Permite que Dios manifieste su poder en tu vida. Él espera que se lo pidas.

Debate en pequeños grupos

1. ¿De qué manera puede el orgullo afectar tu percepción sobre el poder de Dios?

2. Si Dios no fuera omnipotente, ¿en qué se modificaría tu relación con Él? ¿Cómo afectaría tu valor para hacer lo que te ha llamado a hacer?

Dios es amor

Laura y su hermano Federico bajaron a tropezones las escaleras, saltando por sobre los regalos envueltos con primor, y se arrojaron en el sofá de la sala. Todavía estaban en pijamas y fregándose los ojos, de modo que no advirtieron el entusiasmo de mamá y papá, contentos de que finalmente hubiera llegado el día.

A Laura le parecía que apenas había pasado un mes desde la última Navidad. Habían ocurrido muchas cosas en los últimos doce meses, y la más importante era que había recibido a Cristo en su corazón. ¡Qué cambio había experimentado! Esperaba pasar la mejor Navidad de su vida, en especial si no se iniciaba una discusión, como era tradicional en su familia para esa fecha.

La mamá de Laura no cabía en sí del entusiasmo. Deseaba que Federico abriera su regalo. Ahora que era adolescente resultaba cada vez más difícil de complacer, de modo que había recorrido muchos negocios hasta encontrar el obsequio apropiado. Por cierto, fue el regalo más difícil de elegir. Y después de comprarlo, pasó varias noches preguntándose si habría acertado con el gusto del muchacho. Por fin se convenció de que ese sería el regalo perfecto.

Laura fue la primera en abrir el regalo que tenía su tarjeta. Era un pulóver. Lo levantó para que todos pudieran verlo antes de abalanzarse sobre mamá y papá para abrazarlos. Estaba aprendiendo a ser agradecida por la generosidad de sus padres, algo que antes hubiera dado por sentado.

Ante la insistencia de su mamá, Federico tomó el paquete más grande que estaba debajo del árbol, y con actitud indiferente arrancó el papel colorido que envolvía la caja. Adentro había un costoso equipo de música.

CAPÍTULO 9

La mamá observó el rostro de Federico con atención, en espera de la sonrisa que le confirmaría que su hijo estaba complacido. Federico dio vuelta la caja para fijarse en el modelo del estéreo y luego levantó la mirada, disgustado.

—Este no es el que yo quería —gruñó.

La mamá sintió que se derrumbaba y el padre recriminó a su hijo. Federico se levantó sin decir palabra, dejó el equipo en la sala y subió a su dormitorio, encerrándose por varias horas. Laura siguió adelante y abrió el resto de sus regalos con expresiones de agradecimiento, pero ya no era igual sin Federico. Los padres se sentían profundamente heridos por la falta de consideración de su hijo. Una vez más, en la casa de Laura se arruinaba el festejo de Navidad.

Resulta desagradable leer sobre la actitud egoísta de Federico, en especial a la luz del gran deseo que tenía su madre por complacerlo. Ahora bien, ¿cuándo fue la última vez que agradeciste a Dios por la manera de demostrarte su amor? Al igual que Federico, un corazón egoísta tiene una enorme dificultad para reconocer la increíble naturaleza generosa del Padre.

Quienes no conocen al Padre en forma personal, no pueden reconocer el amor de Dios y su asombrosa bondad y están enceguecidos por el pecado y gobernados por el egoísmo. Sin embargo, Dios sigue siendo generoso de muchas maneras: les brinda el afecto de la familia y los amigos, un trabajo con el cual sostener a sus seres queridos, el sol y la lluvia que hacen crecer las cosechas. Todas estas cosas, y muchas más, son evidencia de la increíble bondad de Dios tanto hacia aquellos que lo conocen como hacia quienes eligen ignorarlo.

Jesús experimentó esta clase de rechazo en muchas ocasiones. Hay numerosos ejemplos en la Biblia de personas que prefirieron rechazar a Jesús y el regalo de su gracia, pero hay uno en particular que ilustra la dureza del corazón humano. (Ver Lucas 17:12–19.)

Nuestra primera reacción a esta historia es: "Yo nunca haría eso". Sin embargo, todos somos culpables de ingratitud a Dios. Ahora que eres un seguidor de Cristo, comienza a mirar las cosas con actitud agradecida, como hizo Laura en esa mañana navideña. Tu Padre celestial es dador de bienes. (Ver Santiago 1:17.)

La naturaleza esencial de Dios es ser generoso, y esta generosidad nace de su amor. La Biblia nos dice que "Dios es amor" (1 Juan 4:16). Imagina que tienes un amigo o una amiga a quien quieres mucho y decides comprarle un regalo costoso. Supongamos que lo abre y no dice nada, no reacciona ni agradece, ni nada... ¿cómo te sentirías? Eso es tan ofensivo como no mostrar agradecimiento por el amor y la bondad divina.

Pues bien, ¿qué es lo que Dios hizo por ti? Mencionaremos algunas cosas para tener en cuenta.

En primer lugar, Dios te provee de lo necesario cada día. Piensa, por ejemplo, de dónde viene tu alimento. En la mayoría de las familias, los padres sacan la comida de la heladera y la ponen en la mesa, pero ¿de dónde salió el dinero para comprarla? ¿Y quién provee el trabajo para que puedan ganar el dinero? Más aun, ¿quién nos da el sol, la lluvia y las semillas que en definitiva proveen los alimentos?

Conoces la respuesta, por supuesto (¡y no es el gobierno, precisamente!). Dios es, en definitiva, quien te mantiene alimentado, y lo hace porque te ama.

¡Es asombroso! Su amor nunca cesa ni disminuye. ¿Has pensado alguna vez en esas personas a las que resulta difícil amar? El simple hecho de tenerlas cerca resulta agotador, ¿verdad? Dios, en cambio, nunca se cansa de amarte. Le agrada hacerlo, no importa quién seas ni qué hayas hecho. (Ver Salmo 36:5.)

Quizás la expresión más clara del amor de Dios es la cruz de Jesucristo. El sacrificio que hizo en nuestro beneficio es más grande de lo que podemos llegar a imaginar y, sin embargo, Él lo hubiera hecho aunque fueras la única persona sobre la tierra. (Ver Gálatas 2:20.)

Eso, amigo mío, es verdadero amor. Lo más asombroso es que Cristo no murió por nosotros porque fuéramos buenos. Por el contrario, en estado natural somos enemigos de Dios (Romanos 5:10). Dios ama incluso a aquellos que lo odian. Todos conocemos a personas que usan el nombre de Dios para insultar cada vez que pueden. Parecen ignorar por completo lo que Él hizo por ellos y hasta los enoja la mera existencia de Dios. Sin embargo, a pesar de esos sentimientos de amargura, Dios envió a su Hijo.

Él no solo dice "te amo"; sus acciones corroboran sus palabras. A cada instante está amándote; aun en este preciso momento Dios te ama. Cuando cometes el acto más necio y vergonzoso que se te pueda ocurrir, Dios sigue amándote.

¿Cuán profundo es el amor de Dios por ti?

Dedica un momento a leer Efesios 2:4–5. Piensa en alguna persona a la que amas tanto que estarías dispuesto a morir por ella. Lo más probable es que ames a esa persona porque, a su vez, él o ella también te ama y disfrutan del estar juntos. En otras palabras, tu amor se ve premiado por el amor que recibes a cambio.

El amor de Dios es diferente. Él no nos ama a causa de nuestros logros o porque lo merezcamos. Nos ama porque *su naturaleza es amarnos*.

Piensa por un momento en algo que espero nunca te ocurra. Imagina que sufres un grave accidente automovilístico. Sobrevives, pero quedas desfigurado y postrado por el resto de tu vida. Nombra a la o las personas que crees que permanecerían a tu lado. Los que lo hicieran estarían demostrando un amor increíble, ¿no te parece? Esto sería apenas una sombra del amor que Dios te brinda.

¿Por qué a algunos les resulta difícil aceptar el amor de Dios?

Algunas personas han pasado por experiencias tan traumáticas que les resulta difícil aceptar el generoso amor que Dios les ofrece. Este era el caso de Lorenzo, un muchacho que creció en un hogar disfuncional.

Su papá era adicto a las drogas y no estaba nunca en casa. Su mamá tenía muchos amantes, uno de los cuales insistía en decirle a Lorenzo que lo odiaba.

En una fiesta de año nuevo, ese individuo se emborrachó y tomó un cuchillo de cocina. Agarró a Lorenzo, que en ese momento tenía seis años, y le puso el cuchillo en el cuello. "Te voy a matar", lo amenazó con una sonrisa siniestra. Lorenzo no sabía si lo decía en serio o en broma, pero su mamá, al ver lo que sucedía, cruzó la habitación como un rayo. En un acceso de furia, le arrebató el cuchillo y apuñaló a su amante. El hombre murió ante los ojos del niño. Pocos días más tarde, Lorenzo y su hermana fueron alojados en un internado. Su mamá fue condenada a varios años de prisión. La hermana de Lorenzo recibió a Cristo, pero a Lorenzo todavía le resulta difícil acercarse a su Padre celestial. Le cuesta creer que un Dios amoroso haya permitido que creciera en esas condiciones.

Lo que Lorenzo no entiende es que Dios estaba con él en cada momento de su vida. Desconocemos por qué el Señor permite que ocurran cosas tan tremendas, pero Él mismo no es inmune al dolor y al sufrimiento. Él vio morir a su Hijo en un tosco instrumento de tortura de los romanos, y prefirió hacerse a un lado para que se cumplieran propósitos más elevados. Llegará el día en que si Lorenzo somete su voluntad a la voluntad de su Creador, también podrá reconocer cómo se cumplen los grandes propósitos de Dios.

Una segunda razón por la que algunas personas no aceptan el amor de Dios es porque se han entregado a una vida de pecado. Sienten que no merecen el perdón de Dios y, en consecuencia, rechazan su amor.

Lo que nos brinda el amor de Dios

- El amor de Dios nos provee seguridad eterna. (Ver Romanos 8:39.)
- El amor de Dios también nos da seguridad emocional. (Ver Mateo 11:28–30.) El pecado afecta nuestras emociones y nuestra conciencia. Sin embargo, Jesús promete que si acudimos a Él encontraremos paz y descanso para nuestra alma.
- El amor de Dios nos conduce a arrepentirnos de nuestros pecados. (Ver Romanos 2:4.) Lo que produce convicción en nuestro interior es el amor de Dios, no la amenaza de su castigo. El amor infinito de Dios se derrama sobre quienes hemos llegado a tener una relación personal con Él.

Debate en pequeños grupos

1. Es fácil esperar o exigir el amor de los demás. ¿Cómo puedes evitar dar por sentado el amor de Dios?

2. ¿Cuál es la diferencia entre decirle a alguien "te amo" y demostrárselo de manera tangible? Anota algunas de las formas concretas en las que a diario experimentas el amor de Dios.

Dios es un Dios celoso

A juzgar por las apariencias, Patricia parecía tener el esposo perfecto. Jaime era un hombre consagrado a su familia, con hijos maravillosos y una empresa próspera. Llevaba una vida de oración, leía las Escrituras y cumplió con la tarea de criar a sus hijos en los caminos de Dios. Además, Jaime estaba sumamente comprometido en la iglesia y había ocupado diversos puestos de liderazgo a lo largo del tiempo.

En realidad, Jaime parecía tenerlo todo... hasta que se derrumbó.

Bajo la apariencia calma, se escondía en él una vulnerabilidad que sorprendió a todos, en especial a Patricia. Quizás hasta el propio Jaime se sorprendió cuando empezó a disfrutar del tiempo que pasaba con Carla, una nueva compañera de trabajo. Ella era una cristiana consagrada, una mujer hermosa, divertida y llena de energía. Cuando empezó a dedicarle atención especial a Jaime, este desoyó las señales de advertencia que sonaron en su interior.

"Es una hermana en Cristo, nada más", se decía. "Después de todo, ambos estamos felizmente casados. No hay nada de malo en que pasemos un poco de tiempo juntos."

Poco después, hacía todo lo posible por pasar más tiempo con su "amiga". Inventaba excusas para poder verla, incluso en días no laborables, solo para saber cómo estaba. Mientras tanto, la vida en su hogar empezó a ponerse tensa. Durante varios años había notado la pérdida de intimidad con Patricia. Siempre había considerado que se debía a una de esas etapas por las que pasan todos los matrimonios, pero ahora comenzó a cuestionárselo.

Quizás, después de todo, él y Patricia nunca habían sido el uno para el otro. No había dudas de que Dios les había dado hijos hermosos y tenían recuerdos maravillosos de los años compartidos, pero tal vez Patricia no fuera su alma gemela sino Carla. Al comienzo, Jaime rechazó la idea. Al fin de cuentas, era un hombre de familia, un cristiano... No era cuestión de abandonar a su familia, ¿o sí? De a poco se dio cuenta de que se había enamorado de Carla y era evidente que ella sentía lo mismo por él.

Un día, Jaime volvió del trabajo y le dijo a Patricia que necesitaba conversar con ella sobre algo sumamente importante. Esperaron hasta que los niños se fueran a dormir y luego se sentaron en el sofá de la sala. Con total serenidad, Jaime le explicó que ya no la amaba. Es más, dijo que en realidad nunca la había amado como ella suponía. Además le mintió porque le dijo que no había otra persona en su vida, y luego le pidió el divorcio.

Sentada en el sofá de la sala, esa noche Patricia sintió cómo se derrumbaba su mundo y se rompía en pedazos. Había percibido problemas en su matrimonio, pero creyó que se debía a las presiones laborales de su esposo. Algunos días más tarde, empezó a escuchar rumores sobre la relación de su esposo con Carla. Al principio, Jaime los negó y dijo que eran chismes, pero finalmente admitió que todo era cierto. Lo único que lamentaba era no haber encontrado a Carla años antes.

Es fácil imaginar la variedad de emociones que sintió Patricia: ira, tristeza, traición y, por supuesto, celos. Sí, Patricia estaba celosa y tenía razón de estarlo. Alguien le había arrebatado lo que le pertenecía: su hogar, su matrimonio, su marido. Estaba enojada, dolida y legítimamente celosa.

Dios es un Dios celoso

Es común pensar que los celos son algo negativo. Eso se debe a que por lo general se usa la expresión en sentido peyorativo, como cuando se dice: "Bah, estás celosa", o "Vamos, no seas tan celoso". Los celos, sin embargo, pueden ser un rasgo positivo cuando se aplican al objeto correcto.

La prueba de esto es que Dios es un Dios celoso; Él mismo lo dice en la Biblia (ver Éxodo 34:14). Sin embargo, Dios nunca siente celos por cosas; Él sólo es celoso de su pueblo. La única ocasión en que vemos a Dios celoso en la Biblia es cuando los suyos se alejan neciamente de su lado.

Dios es celoso de aquellos que le pertenecen, de la misma forma en que tú eres celoso de aquello que te pertenece. Por ejemplo, si te has comprometido con alguien en matrimonio, tienes derecho a ser celoso de esa persona. A los ojos de Dios, tu cónyuge te pertenece, tanto como tú le perteneces a él o ella.

Los celos, sin embargo, no deben confundirse con el pecado de la envidia. Envidiar es desear algo, o alguien, que no nos corresponde. Dios, como Creador del universo, tiene derecho a esperar que sus criaturas lo adoren y lo obedezcan. Cuando no lo hacen, siente celos, tal como tú y yo sentiríamos si un ser querido nos traicionara.

En el caso de Patricia, si no hubiera sentido celos por Jaime significaría que en realidad no lo amaba. De la misma manera, los celos de Dios por las personas son el resultado de su profundo amor por la raza humana. Si no fuera un Dios celoso, podríamos poner en duda su compromiso y su dedicación hacia nosotros.

¿Cuándo se pone celoso Dios?

La Biblia menciona varias cosas que despiertan los celos de Dios.

En primer lugar, Dios es celoso de su nombre. (Ver Ezequiel 39:25.) En el Antiguo Testamento, el nombre era más que un rótulo para diferenciar a los individuos. Era una forma de declarar el carácter y la posición de una persona en la vida.

A veces las personas cambiaban de nombre con el fin de reflejar de forma más adecuada quiénes eran. Por ejemplo, cuando nos encontramos por primera vez con Abraham en el libro de Génesis, se lo menciona como Abram, que significa "padre enaltecido". Más adelante, Dios le cambia el nombre a Abraham, que significa "padre de muchos". Dios lo hizo porque este último nombre describía lo que Abraham iba a ser.

Dios es celoso de su nombre porque declara quién es Él. Le importa que, cuando la gente mencione su nombre, lo haga con respeto y con un apropiado sentido de temor. Esta actitud es la adecuada hacia el Rey del universo de parte de aquellos que fueron creados por Él.

Como creyentes, debemos hacerlo todo "para la gloria de Dios" (1 Corintios 10:31). Puesto que ahora le pertenecemos, debemos vivir para Él y no para nosotros mismos. En Isaías 48:11 Dios dice: "¡No cederé mi gloria a ningún otro!" No es que Dios sea vanidoso sino que Él es el único en todo el universo que merece toda la gloria. No darle la gloria que le corresponde es rebelarnos contra el Creador.

En segundo lugar, Dios es celoso de su pueblo. Dios es un Dios de amor, pero es también un Dios de venganza, celoso de sus criaturas. En el Antiguo Testamento, en el libro de Nahúm, leemos estas palabras impactantes:

> El Señor es un Dios celoso y vengador.
> ¡Señor de la venganza, Señor de la ira!
> El Señor se venga de sus adversarios;
> es implacable con sus enemigos. (Nahúm 1:2)

Antes de que pienses que Dios es un airado dictador, lee el versículo que sigue:

> El Señor es lento para la ira, imponente en su fuerza.
> El Señor no deja a nadie sin castigo. (Nahúm 1:3)

Nuestro Padre celestial es la perfecta combinación de amor y justicia. Está lleno de amor y es lento para la ira pero no negará la justicia; en realidad no puede hacerlo, y por eso castiga el mal. La maldad que experimentamos en el mundo provoca el santo celo de Dios. Un día Él pondrá las cosas en orden, porque juzgará a aquellos que resistan su reclamo celoso de ser el dueño de sus vidas.

Enrique estaba cruzando el parque del colegio cuando vio a dos estudiantes homosexuales besándose a la vista de todos. Sumado al espectáculo ya de por sí grotesco, la presencia de un profesor que no hizo nada por detener a los jóvenes hizo que Enrique se sintiera aún más molesto.

Como estudiaba periodismo, Enrique decidió escribir un editorial en el periódico escolar. En el artículo, se mostró severo hacia los protagonistas por la falta de dignidad y moral, pero también confrontó al cuerpo docente por no ser más estricto en hacer cumplir las normas de la institución.

La reacción que hubo hacia el artículo de Enrique fue sorprendente. Varios profesores se manifestaron molestos con él por haberlo escrito, y muchos estudiantes liberales se burlaron de él por ser tan "mojigato" y conservador.

Al escribir ese artículo, Enrique puso en evidencia su celo por la decencia y la moralidad en su escuela. No estaba dispuesto a hacerse a un lado y dejar que el mal avanzara sin presentarle batalla. De la misma manera, Dios es celoso de su nombre y de su pueblo. Un día, cuando el pecado haya cumplido su ciclo, Dios pondrá todo en orden. Él juzgará el pecado y premiará la rectitud, aunque ahora no lo veamos.

En tercer lugar, Dios se pone celoso cuando uno de sus hijos le da la espalda y se enamora del mundo. Dios quiere que le demos nuestro amor a Él y a las cosas que a Él le agradan, no a las cosas del mundo. En Santiago 4:4–5 hallamos una severa advertencia para aquellos que eligen dar la espalda a Dios.

Alberto es un joven que conoció a Cristo durante la secundaria. Llevó una vida consagrada al Señor y era sumamente extrovertido para comunicar su fe. Disfrutaba de la vida limpia y franca que experimentaba con el Señor, después de haber vivido entregado a las drogas y al alcohol.

Sin embargo, cuando egresó del secundario Alberto comenzó a cambiar. Todo empezó cuando visitó a sus antiguos compañeros de drogas para hablarles acerca de Cristo. Mientras más conversaba con ellos, más atractivo encontraba su antiguo estilo de vida. Después de un tiempo, Alberto empezó a perder el amor a su Padre y a enamorarse otra vez del mundo.

Pronto volvió a hundirse; comenzó a fumar porros y a salir con chicas, tal como lo había hecho antes de conocer a Cristo. Su corazón se enfrió y se involucró más en las drogas y en las relaciones sexuales. Lo que dice 2 Pedro 2:22 se cumplió en Alberto: "En su caso ha sucedido lo que acertadamente afirman estos proverbios: 'El perro vuelve a su vómito', y 'la puerca lavada, a revolcarse en el lodo'".

Tiempo después, Alberto se sentía tan culpable que se daba cuenta de que no podía seguir en el pecado. Creyó que este le daría placer, pero en su lugar, lo hizo sentirse miserable. Había probado lo que era caminar con Dios en la pureza, y empezó a añorar a Cristo una vez más. Al final se arrepintió de su pecado y volvió al Señor. En ese momento no se dio cuenta de que estaba experimentando los celos de Dios. El Padre celestial estaba presionando el corazón de Alberto para que regresara y se arrepintiera de su pecado. Los celos de Dios eran la evidencia de este gran amor y perdón. Dios es celoso de nuestros afectos. Él quiere que lo anheles más que ninguna otra cosa en el mundo. Sé agradecido por la naturaleza celosa de Dios. Es una prueba de su amor eterno por ti. No te sientas celoso de aquellos que viven para los placeres mundanos. Retribuye a Dios, siendo celoso de su gloria y procura honrarlo cada día, en toda circunstancia, y con todas tus fuerzas.

Estarás eternamente agradecido de haberlo hecho.

Debate en pequeños grupos

1. Piensa en una ocasión en que experimentaste los celos de Dios en tu propia vida. ¿Cuáles fueron algunas de las malas decisiones que tomaste, que llevaron a Dios a atraerte con fuerza hacia Él?

2. ¿Es apropiado que un creyente sienta celos en alguna situación? Explica tu respuesta.

Dios es sabio

El papá de Alfredo había sido sumamente claro en sus instrucciones, y la sonrisa en su rostro no le restaba seriedad a sus palabras. "Hijo, esta noche te dejaré conducir el tractor con una sola condición: que vayas despacio, y me refiero a ir bien despacio. No queremos que nadie salga herido."

Un gesto rápido de asentimiento indicó que Alfredo entendía y el muchacho partió a prepararse para la fiesta que tendrían esa noche. Les quedaba poco tiempo y todavía les faltaba acomodar los fardos de paja y los adornos en el viejo establo. Pronto llegaría el grupo de jóvenes y comenzaría el festejo.

La luna llena se elevó rosada y brillante sobre la granja, mientras los jovencitos empezaron a llegar. Pronto la fiesta estaba en su apogeo y cuando Alfredo subió de un salto al viejo tractor y lo encendió, el humo azul y un fuerte rugido que partió del caño de escape dio la señal de que ya era hora de dar un paseo campestre.

Cuando los chicos corrieron y saltaron a los gritos en el acoplado que estaba enganchado al viejo John Deere, Alfredo se sintió sumamente importante. Una vez que estuvieron todos a bordo, Alfredo deslizó la enorme palanca de velocidades, la puso en primera y liberó el pedal. El tractor dio una sacudida y se puso en movimiento con su carga bulliciosa, rumbo al campo.

Al principio los chicos estaban conformes con la marcha lenta del tractor, pero luego comenzaron a gritar: "Más rápido, Alfredo... más rápido". El muchacho miró hacia atrás, sonrió, y se encogió de hombros como diciendo: "Lo siento, esta es la velocidad máxima permitida por hoy".

"Vamos, Alfredo, ¿no puedes hacer que esta cosa ande un poco más rápido?", gritaron algunos de sus amigos. Alfredo aceleró, dándole más poder a la máquina, pero sin aumentar demasiado la velocidad.

Mientras consideraba la posibilidad de pasar el tractor a una marcha más alta que le diera mayor velocidad, Alfredo no dejaba de recordar la advertencia paterna. Sabía que si lo hacía estaría desobedeciendo a su papá, pero quizás no se enterara ya que se había quedado en el establo. Los gritos de los jóvenes fueron aumentando de volumen, y al mismo tiempo parecía que la voz de su padre perdía fuerza. *Después de todo,* pensó Alfredo, *quiero que mis amigos lo pasen bien.*

Le llevó varios minutos tomar la decisión, pero apenas una fracción de segundo llevarla a cabo. En vez de cambiar la marcha, decidió enfilar hacia una pendiente pronunciada para que les diera más velocidad. Los chicos gritaban entusiasmados cuando el tractor y su acoplado se desviaron del rumbo previsto y empezaron a descender por la ladera. Alfredo tomó con fuerza el volante; no estaba acostumbrado al peso del acoplado cargado, que amenazaba con empujarlo fuera del camino hacia una profunda barranca.

Alfredo desaceleró y apretó los frenos, pero el peso que llevaba atrás los empujaba con fuerza. Se sintió presa del pánico cuando vio que el tractor escapaba de su control. El pastor de los jóvenes, que también iba en el acoplado, vio lo que estaba sucediendo y empezó a lanzar a los estudiantes fuera del vehículo. Cuando saltó el último muchacho, Alfredo quedó a merced de la máquina enfurecida. El tractor se salió del camino, golpeó contra el terraplén, volcó y aplastó a Alfredo bajo su enorme peso.

Las ruedas gigantescas todavía giraban en el aire cuando el papá de Alfredo llegó aterrorizado y sin aliento. Había empezado a correr desde el momento en que vio a su hijo apuntar hacia la ladera, porque sabía que solo un conductor experimentado podría maniobrar con seguridad por esa pendiente. Ahora veía cumplirse sus temores, al presenciar cómo se escapaba la vida del cuerpo de su hijo.

Tomó a Alfredo y tiró de él con todas sus fuerzas, pero el peso de la gigantesca máquina lo aplastaba sin misericordia. Era evidente que no había escapatoria.

—Si tan solo me hubieras escuchado, hijo —eran las únicas palabras que el padre podía pronunciar —. ¿Por qué no escuchaste lo que te dije? ¡Por qué no escuchaste! —lloraba, mientras sostenía a su hijo en los brazos, y se hacía realidad ante sus ojos la peor pesadilla de un padre.

Esta es una historia trágica por varias razones. Primero, porque se perdió una vida preciosa y toda una familia sufre un inmenso dolor. Y segundo, porque fue un hecho absurdo, una decisión instantánea que derivó en un horrible y trágico accidente. Alfredo ignoró el sabio consejo de su padre y pagó un alto precio por eso.

¿Por qué procurar la sabiduría de Dios?

La historia que relatamos ilustra un aspecto importante de la vida cristiana: cuando prestamos atención a la sabiduría de Dios y la obedecemos, recibimos bendición. Por el contrario, ignorar la sabiduría de Dios trae consecuencias dolorosas a nuestra vida y a la de aquellos que nos rodean.

La Biblia habla mucho sobre la sabiduría y la necedad. Deja bien en claro que la primera proviene de Dios. (Ver Proverbios 3:7.)

A veces resulta de ayuda comparar nuestra sabiduría limitada con la sabiduría infinita de Dios. Por ejemplo:

- ¿Conoces cada detalle de todo lo que ocurrió antes de que llegaras a este mundo? No.
- ¿Te creaste a ti mismo, con toda la complejidad de tu ser social, físico, espiritual y emocional? No.
- ¿Entiendes de manera cabal cómo funciona el universo? No.

Nosotros no sabemos estas cosas, ¡pero Dios sí! Piénsalo por un momento. Él sabe todo lo que puede saberse. Si Dios participara de tu clase de química, no necesitaría estudiar jamás porque Él creó la química así como la geometría, el álgebra y todas las materias que algún día tengas que estudiar.

Más importante aun que conocer datos y cifras, es que sabe cómo funciona la vida. Él entiende la belleza del amor y el poder de la amistad. También comprende el poder destructivo del pecado, y por eso nos ofrece su sabiduría divina. La brinda gratuitamente a todo el que desee recibirla.

Cómo encontrar sabiduría

La lectura de este capítulo debería motivarte a desear aún más vivir conforme a la sabiduría de Dios. Si es así, ¡excelente! Pero, ¿cómo se adquiere sabiduría, este don formidable que según la Biblia es más precioso que el oro y la plata? Existen varias maneras.

Primero, procura conocer a Dios a través de su Palabra, la Biblia. En los Salmos y en Proverbios se nos dice una y otra vez que "El principio de la sabiduría es el temor del SEÑOR" (Salmo 111:10). La palabra temor, en este contexto, significa "reverenciar, honrar y respetar". Este es el punto de partida para aquellos que quieren ser sabios.

No pienses nunca que puedes dejar de lado la Biblia y aun así vivir una vida que agrade a Dios. Es imposible. Haz un esfuerzo por leer la Palabra de Dios todos los días. ¡Si la ignoras, estás desechando oro puro!

Segundo, pídele a Dios que te dé su sabiduría. (Ver Santiago 1:5.) No dudes en pedir orientación a Dios si no sabes qué hacer en determinada situación. Si esperas con paciencia Él te mostrará su voluntad para tu vida.

Tercero, procura relacionarte con personas que caminan junto a Dios. Deja que sus vidas sean un modelo para tu propia vida. Pide consejo a creyentes más maduros y descubrirás que a menudo Dios te habla por medio de ellos cuando buscas conocer su divina voluntad.

Juan era un cristiano recién convertido y se reunía con su pastor regularmente. Estaba lleno de preguntas sobre aspectos de su nueva vida en Cristo, pero había un área en particular que le producía gran preocupación: el sexo.

Juan era mayor de edad e hizo planes de irse a vivir con su novia, porque de esa manera ahorrarían dinero. Además, pensaba que sería una buena manera de ver si había compatibilidad para casarse algún día. Como Juan había crecido en un hogar no cristiano, no consideraba el sexo como algo que debía reservarse para el matrimonio.

Mientras Juan y su pastor estudiaban juntos la Biblia, Juan comenzó a reconocer la sabiduría de Dios en este tema. Entendió por qué Dios quiere que el sexo sea algo sagrado entre el esposo y la esposa, y por qué el sexo fuera del matrimonio produce tanto daño.

La perspectiva de Juan sobre el sexo cambió de manera radical. Si bien antes creía que vivir con la novia sin casarse era coherente, pronto aprendió que a los ojos de Dios era algo absolutamente necio. Cuando Juan recuerda esa época de la vida, reconoce que la sabiduría de Dios le ahorró mucho dolor, remordimiento... y culpa. En definitiva, cortó con su novia e invirtió dos años en conocer mejor a Dios. Gracias a que Juan tomó en cuenta la sabiduría y el consejo de los creyentes maduros, ahora disfruta de una relación cristocéntrica con su novia.

La sabiduría de Dios actúa como una barrera de contención que impide que nos desbarranquemos por la cuesta de nuestros necios deseos.

Qué produce la sabiduría

Tomás y Guillermo eran amigos íntimos de la infancia. Ambos fueron criados en buenos hogares y sus padres se interesaban por todo lo que hacían. Los muchachos compartieron muchas oportunidades de aprender acerca de Dios, tanto en la iglesia como en el grupo juvenil. Ambos eran estudiantes sobresalientes e integraban el equipo de básquet que participaba en los campeonatos provinciales. Sin embargo, después de la secundaria, la vida de estos muchachos tomó rumbos muy distintos. Tomás vive en la calle, buscando constantemente alguna oportunidad de encontrar la felicidad instantánea. Desperdició su vida en las drogas, el alcohol y el sexo, que sin embargo lo dejan vacío e insatisfecho. Aun así, sigue tras la sabiduría de este mundo y acepta la mentira de que esos caminos son mejores que los sabios caminos de Dios.

Guillermo, por su parte, siguió la senda que sus padres le enseñaron. Terminó la universidad y se casó con una joven maravillosa. Tienen un hermoso matrimonio, un hijo amoroso y una felicidad profunda y duradera.

Dos hombres jóvenes, dos caminos... dos resultados diferentes. De la misma manera se personifica a la sabiduría y a la necedad en el libro de Proverbios, en el Antiguo Testamento. Se presenta a dos mujeres que intentan captar nuestra atención. Proverbios 9:3–6 enuncia, en primer lugar, el clamor de la señora Sabiduría:

Envió a sus doncellas, y ahora clama
desde lo más alto de la ciudad.
"¡Vengan conmigo los inexpertos!
—dice a los faltos de juicio —.
Vengan, disfruten de mi pan
y beban del vino que he mezclado.
Dejen su insensatez, y vivirán;
andarán por el camino del discernimiento."

Continúa en los versículos 10–11:
El comienzo de la sabiduría es el temor del SEÑOR;
conocer al Santo es tener discernimiento.
Por mí aumentarán tus días;
muchos años de vida te serán añadidos.

La señora Necedad, en cambio, es "escandalosa".
Frívola y desvergonzada.
Se sienta a las puertas de su casa,
sienta sus reales en lo más alto de la ciudad,
y llama a los que van por el camino,
a los que no se apartan de su senda.
"¡Vengan conmigo, inexpertos!
—dice a los faltos de juicio—.
¡Las aguas robadas saben a gloria!
¡El pan sabe a miel si se come a escondidas!"
Pero éstos ignoran que allí está la muerte,
que sus invitados caen al fondo de la fosa.
(Proverbios 9:13–18)

¡Qué descripción asombrosa! Dos mujeres que hablan para captar nuestra atención y dos caminos para elegir. Uno conduce hacia un conocimiento superior y a una vida de bendición mientras el otro camino lleva a una vida vacía, y los que lo siguen "caen al fondo de la fosa".

Estamos ante lenguaje poético que se usa con frecuencia en el Antiguo Testamento para hacer más real la verdad en la mente del lector. No quiere decir que todo el que hace una decisión necia en forma ocasional, o aun en varias oportunidades, se vaya de forma automática "a la fosa", es decir al infierno. Si has invitado a Cristo a tu corazón y le has pedido que perdone tus pecados, te ha prometido que estarás con Él en el cielo. Eso es irrevocable.

La clave de la historia está en lo que tú y yo enfrentamos cada día, que es el desafío de tomar decisiones. Si sigues a la señora Sabiduría (el temor del Señor), tu vida será bendecida de manera maravillosa. Si sigues a la señora Necedad (y haces las cosas a tu manera), tendrás quebranto y sufrimiento en esta vida.

¿De qué clase de decisiones estamos hablando? De cosas primordiales, tales como:

* los amigos que eliges
* la música que escuchas
* las películas o los programas de televisión que miras
* la actitud que muestras hacia tus padres y hacia los que están en autoridad
* la frecuencia con que asistes a la iglesia y a un ministerio juvenil
* la ropa que usas
* el lenguaje que empleas
* las revistas que lees
* los pensamientos que guardas en tu mente

Cuando entró en la secundaria, Carolina era una especie de patito feo. Era menuda, flaca como un fideo y los varones ni sabían que existía. Sin embargo, todo cambió cuando pasó a los cursos superiores. Su cuerpo comenzó a cambiar, y en poco tiempo había superado a sus compañeras.

Carolina tenía una apariencia que todas las chicas envidiaban y que provocaba deseo en todos los muchachos. Empezó a jugar con eso y eligió vestimenta que realzaba las curvas de su cuerpo. A medida que recibía más atención, más ajustada era la ropa que se ponía. Sin tener una idea acabada de lo que sucedía, se volvió adicta al hábito de enloquecer a los muchachos mediante vestimentas seductoras.

Si Carolina se hubiera detenido a considerar la sabiduría de Dios en este asunto, hubiera modificado su comportamiento y su manera de vestir, pero ansiaba recibir atención, a pesar de que solo cosechaba disgustos y mala reputación.

Ahora Carolina tiene la típica apariencia de "mujer usada" que entregó su inocencia a un altísimo precio. Hubiera podido evitarlo si se hubiese detenido a considerar la enseñanza de Dios.

Las decisiones simples de cada día determinan la clase de persona que llegarás a ser: sabia o necia.

La elección es tuya.

Debate en pequeños grupos

1. ¿Has rechazado alguna vez el consejo de Dios? ¿De qué manera tu actitud produjo enorme dolor en tu vida y en la de tu familia?

2. Anota tres pasos que puedes dar para crecer en la sabiduría de Dios.

Dios es la Trinidad

¿Alguna vez te has sentido solo? La soledad forma parte de la experiencia humana. La sentimos cuando un querido amigo se muda lejos o cuando muere un familiar cercano. Se presenta también si nuestros padres se divorcian y uno de ellos se va de la casa. Hasta sentimos la soledad cuando se muere la mascota que teníamos de chicos. La soledad duele. Y aunque no nos gusta pensar en ella, todos sabemos lo que es sentirse solo y anhelar una relación que llene el profundo vacío en nuestro interior.

Susana experimentaba extrema soledad día tras día. Era una joven estudiante del secundario que hacía todo lo posible por hacerse un lugar pero nunca lograba atravesar esas vallas invisibles que parecían cercarla.

Susana no tenía amigos, ni siquiera uno. Sus padres la amaban y ella no dudaba de su amor. Sin embargo, anhelaba desesperadamente encontrar un amigo, cualquier amigo, alguien con quien pasar el rato o a quien llamar por teléfono, alguien con quien compartir la hora del almuerzo o tal vez ir al cine los sábados, pero no tenía amigos. Su teléfono nunca sonaba y ella pasaba las tardes de los sábados a solas en su habitación. En la escuela, a la hora del almuerzo, todos los días se sentaba en la misma mesa, en el mismo asiento y en la misma condición: sola.

La historia de Susana es triste porque todos sabemos que las personas han sido creadas para relacionarse. Cuando vemos a alguien como Susana, alguien que no tiene ni un solo amigo, sentimos pena y suspiramos con alivio por no estar en esa situación.

Solo. La palabra misma nos pone inquietos e incómodos. Sin embargo, cuando pensamos en

Dios, se nos ocurre que Él también debe de estar solo, que no tiene a nadie con quien relacionarse ni con quien identificarse. Después de todo, no hay otro ser semejante a Dios en todo el universo. Por cierto, tú y yo no nos parecemos a Él. Los ángeles también son seres creados. ¿Se sentirá solo Dios alguna vez?

Imagina que llegaste a una isla desierta y vas a pasar allí el resto de tu vida en la más absoluta soledad. No hay televisión, ni radio, ni computadora, ni ningún medio que te conecte con el mundo externo. Después de un rato vas a sentirte solo, ¡terriblemente solo! Sin duda, habrá animales con los cuales hablar y también palmeras, cangrejos y hasta bananas. (¡Ten cuidado si comienzan a responderte!) Es muy probable que después de varios años en esas condiciones, la falta de compañía humana te vuelva loco.

¿Se sentirá así Dios en este universo? ¿Estará completamente solo, sin nadie capaz de llenar el vacío de su soledad?

No. Dios no está solo. Él no *necesita* de nuestra compañía ni de nuestra obediencia para sentirse completo. No mide su autoestima sobre la base de nuestro aprecio o necesidad de su persona. Dios está completo en sí mismo. Todas sus necesidades relacionales se satisfacen por la propia esencia de su naturaleza: la Trinidad.

¿Qué es la Trinidad?

No hay duda de que el Dios de la Biblia es un solo Dios. Los cristianos no somos politeístas, es decir, no creemos en muchos dioses. (Ver Deuteronomio 6:4.)

No dejes que nadie te convenza de que la Biblia enseña que hay más de un Dios. No es cierto. (Ver Isaías 42:8 y Santiago 2:19.)

Lo que confunde a algunos es que el Dios que se reveló en la Biblia es tres personas: Padre, Hijo y Espíritu Santo. Se ha dicho que estas tres personas de la Trinidad son "distintas en personalidad pero una en esencia." Sí, es difícil de entender, pero es la verdad.

Quizás alguien te haya dicho que no es correcto percibir a Dios como una Trinidad. Tal vez se apoyen en que la palabra *Trinidad* no se encuentra en ningún lugar de la Biblia. Es cierto, la palabra no aparece. Sin embargo, el concepto aparece en toda la Biblia, desde el Génesis hasta el Apocalipsis. Algunos de los aspectos que la Biblia enseña acerca de la Trinidad son:

• El Padre, el Hijo y el Espíritu Santo comparten los mismos atributos eternos. Son iguales en su deidad, lo cual significa que las tres personas son Dios (es decir, no hay un dios "menor" y un Dios "mayor"). La Biblia afirma que las tres personas estuvieron presentes en la creación y que todas cumplen un papel importante en nuestra redención. Las tres comparten todo lo que hace que Dios sea Dios: eternidad, omnisciencia, omnipresencia, santidad, etc. (Ver Génesis 1:26.)

• El Padre, el Hijo y el Espíritu Santo coexisten en forma simultánea. No se trata de que el Padre se "trasmuta" y se presenta a veces como Hijo, y que luego este a su vez aparece como Espíritu cuando resulta necesario. (Ver Mateo 3:16–17.)

• El Padre, el Hijo y el Espíritu Santo son iguales en esencia pero diferentes en sus funciones. Por ejemplo, el Hijo se sometió a la voluntad del Padre. Esto no significa que sea menos que el Padre, sino que le complace someterse a la voluntad del Padre. Lee Juan 3:16; observa quién dio al Hijo. En 2 Corintios 1:21–22, también vemos que fue Dios Padre quien nos dio tanto a Jesús como al Espíritu Santo.

Cuando leemos las Escrituras con detenimiento, empezamos a entender que en el seno de la Trinidad no hay conflicto ni disenso, no hay chismes ni el anhelo secreto de una de las partes por ser mayor que las otras. Disfrutan de la única relación perfecta que se haya visto en el universo, desde la eternidad pasada hasta la eternidad futura.

Dios es uno y Dios es tres. ¿Es difícil de captar? Por supuesto. ¿Va más allá de nuestra comprensión? ¡Claro que sí! ¿Es verdad? ¡Sin duda alguna!

¿Quiere decir que Dios no me necesita?

Ahora volvemos a la pregunta inicial: ¿Se siente solo Dios alguna vez? No, nunca. Como Dios tri-uno, tiene plena comunión en sí mismo. Si Dios nunca hubiese creado la tierra, las estrellas ni el sol, si nunca nos hubiese creado a ti ni a mí, aun así se sentiría feliz y satisfecho porque está completo en sí mismo.

Esto significa que su felicidad no depende de nosotros. Existimos con el propósito de darle mayor gloria a Dios, pero no para satisfacer alguna necesidad emocional de su ser.

Que Él sea una Trinidad y mantenga una relación eterna y perfecta consigo mismo debería ser un estímulo para tener una relación personal con Él. Cuando te comunicas con el Padre, Él no es un aprendiz en cuanto a relaciones personales. La única razón por la cual podemos relacionarnos con Él es porque es un *Dios relacional.*

¿Podemos entender la Trinidad?

Sara era una joven que decía conocer a Cristo como su Salvador personal. Participaba en estudios bíblicos, daba testimonio de su fe y procuraba conocer más a Dios.

Un día se encontró con Marcos en el grupo de estudio bíblico. Este joven era nuevo en el grupo y tenía muchas preguntas sobre la credibilidad de la Biblia. A veces conversaban por teléfono durante horas, y el mayor cuestionamiento de Marcos parecía siempre referido al tema de la Trinidad: ¿Cómo era posible que Dios fuese uno y a la vez tres? No lograba entender cómo la gente creía que eso era cierto.

Sara trató de explicarle a Marcos que era una enseñanza bíblica, pero cuando él le pidió que le mostrara dónde aparecía en la Biblia la palabra *Trinidad,* Sara no la encontró y se dio por vencida.

Cuando Marcos le explicó su perspectiva acerca de Dios, Sara comprobó que el amor que comenzaba a sentir por el joven le impedía discernir claramente las Escrituras. Marcos era mormón, y afirmaba que era lógico que hubiese muchos dioses, y que los seres humanos también llegaríamos a ser deidades. Según Marcos, creer que existe un solo Dios era una actitud cerrada.

Cuando Marcos abría su Libro del Mormón, le mostraba a Sara pasajes que hablaban acerca de muchos dioses, pasajes como Abraham 3:15 y 4:3,10,25, donde dice: "Y ellos (los dioses) dijeron: 'Que haya luz', y hubo luz", o "Y los dioses declararon a la región seca 'Tierra'", o "Y los dioses organizaron la tierra para que produjera animales según su especie".

Los mormones enseñan algo llamado "la ley de la progresión". Creen que cuando una persona muere, puede llegar a ser un dios. Cada dios tendrá un planeta de su propiedad, al que gobernará de manera semejante a la que Elohim gobierna hoy la tierra.

Esta doctrina está en franca oposición a la clara enseñanza bíblica: no hay otro dios que el Dios de Abraham, de Isaac y de Jacob, el Dios de Israel y Padre de nuestro Señor Jesucristo. Isaías 44:6 dice: "Yo soy el primero y el último; fuera de mí no hay otro dios". Dios ha existido siempre, nadie lo creó. *Nunca cambió y nunca cambiará* (ver Hebreos 13:8).

Lamentablemente, Sara no conocía suficiente su Biblia como para saber que el Libro del Mormón y su amigo Marcos tenían un concepto errado acerca de Dios. Sara cayó en el engaño porque no conocía la verdad.

En la Biblia se nos dan muchas razones para confiar en Dios. No permitas que una pregunta sin respuesta te aparte de la maravillosa relación que podemos disfrutar con Dios, que está más allá de lo que jamás podamos imaginar.

Dios es Uno.

Dios es la Trinidad.

Dios es relacional.

El que Dios sea esas tres cosas nos da la confianza de que nosotros también podemos tener una relación significativa con Él, porque sabe lo que es la intimidad. Por eso a veces oyes hablar de "una relación personal con Dios". Esta expresión significa que Él quiere relacionarse contigo de manera personal, no de la forma en que un dictador se relaciona con las personas sometidas a él.

Debate en pequeños grupos

1. ¿Por qué te creó Dios? ¿Lo hizo para satisfacer sus necesidades emocionales o para su gloria? Explica tu respuesta.

2. En tu opinión, ¿es la Trinidad el vínculo entre tres dioses diferentes o es un Dios que existe en tres personas independientes? Explica tu respuesta. ¿Por qué es importante este concepto?

3. ¿Qué se siente al sufrir la soledad? ¿Por qué podemos presentarle nuestra soledad a Dios y sentirnos colmados de su paz?

PARTE 3

Los fundamentos

La deidad de Cristo

Juan se sentó al borde de la silla, encorvado sobre la mesa y con los brazos extendidos hacia adelante.

—Bien, Juan, ahora coloca suavemente los dedos sobre el disco y luego haz una pregunta. Eso es, no presiones demasiado.

Jorge, el amigo de Juan, le daba indicaciones desde el otro lado de la mesa iluminada por la luz de las velas. La habitación estaba a oscuras, y las velas proveían apenas la luz suficiente para distinguir la tabla Ouija que estaba desplegada ante ellos. Era la primera experiencia de Juan con ese "juego" ocultista. Jorge le había dicho que la tabla podía predecir el futuro y Juan había decidido hacer la prueba.

—¿Cuándo me voy a casar? —preguntó, no del todo seguro de a quién o a qué le estaba hablando. El disco comenzó a girar bajo sus dedos. No estaba forzándolo; sabía bien que no lo estaba haciendo. ¡Se estaba moviendo por sí solo!

—No presiones mucho, Juan; tócalo suavemente. ¡Mira, se dirige a un número! —susurró Jorge.

El disco se movió de un número a otro hasta completar el mensaje: sería en cinco años a partir de esa tarde.

—¡Caramba, Jorge! Déjame que le pregunte alguna otra cosa. Esto está bueno —dijo Juan, ignorando la bandera roja que se agitaba en su interior.

En la iglesia le habían advertido que jamás debía jugar con la tabla Ouija, ¡pero esto era demasiado bueno! Además, la iglesia le parecía un poco pesada. Quería ver cosas nuevas y experimentar algo de lo que el mundo tenía para ofrecerle.

Juan era jovencito y había asistido a la iglesia la mayor parte de su breve vida. Ahora, a mitad de la adolescencia, le resultaba difícil creer que Jesús era real. Cuando conoció a

CAPÍTULO 13

Jorge en la escuela, supo que había encontrado a una persona que podía mostrarle otro modo de vida, un camino que Juan estaba listo para descubrir. Jorge jamás había puesto un pie en la iglesia. En realidad maldecía e insultaba cada vez que Juan mencionaba a Dios, la Biblia y en especial el nombre de Jesús. No le llevó mucho tiempo involucrar a Juan en el mundo de las drogas y de la irritante música del rock pesado. Ahora Juan estaba aprendiendo también sobre el ocultismo. Durante los meses siguientes, Juan se involucró cada vez más con la tabla Ouija. Estaba fascinado por la precisión con que respondía a sus preguntas, y a menudo él y Jorge invocaban espíritus en busca de conocimientos ocultos. Juan se sentía atraído por la brujería y la magia negra, lo que sumado a las drogas y el rock pesado elevaba su autoestima y le daba una sensación de control que nunca antes había experimentado en su vida.

Durante esos meses Juan dejó de asistir a la iglesia por completo. Sus padres le suplicaron que volviera, pero él no tenía el menor interés. Había hallado una nueva fuente de poder. Ya no necesitaba a Jesús en su vida; por lo menos eso creía.

Un domingo sus padres le dieron el ultimátum: o volvía a la iglesia o buscaba otro lugar para vivir. Era una medida severa. Juan gritó, dio portazos y amenazó con irse de la casa, pero finalmente ganó el sentido común: se dio cuenta de que no tenía otra forma de disponer de tres comidas diarias.

Esa noche Juan se sentó en un banco de la iglesia con sus padres, por primera vez después de varios meses. Hizo todo lo posible por ignorar todo lo que sucedía en el culto, pero cuando el pastor comenzó a predicar sobre Jesús y su sangre derramada en la cruz, se puso sumamente incómodo. Comenzó a transpirar y tuvo una sensación de pánico que nunca antes había sentido.

Una voz siniestra le susurró a la mente: "Sal de aquí; sal de aquí ya mismo".

Juan buscó una manera fácil de salir, pero no la había: estaba sentado en el medio del banco. A medida que el mensaje del pastor se hacía más intenso, también aumentaba la intensidad de esa voz tenebrosa. La mente de Juan sufría el bombardeo de pensamientos profanos y asesinos.

Se sentía fuera de control, como si estuviera enloqueciendo. La sala comenzó a girar y cuando todos se pusieron de pie para cantar el último himno, temió que le ocurriera algo terrible.

Sus padres advirtieron la mirada desorbitada y confusa de su hijo. Era una mirada de pánico que les indicaba que le estaba ocurriendo algo grave.

Al finalizar la reunión, llevaron a Juan a la oficina pastoral. Una vez allí sus padres y el pastor escucharon con preocupación el relato de su reciente fascinación con el ocultismo.

—No tenía intenciones de llegar tan lejos —dijo entre lágrimas—. Siento como si hubiera entregado parte de mi alma a alguien o a algo, y ahora estoy asustado.

El pastor abrió su Biblia y luego miró al muchacho directo a los ojos.

—Juan, voy a leer algunos pasajes de las Escrituras y luego oraré por ti pidiéndole a Jesús que te libere de las ataduras que tienes ahora. Quiero que sepas que Jesús puede librarte, y que no hay poder que pueda resistirse al nombre de Jesús.

A medida que el pastor leía los pasajes sobre el poder de Jesús, Juan sintió una voz que provenía de lo profundo de su ser. No era su voz, era la voz de alguien perverso y malvado, más parecida a un gruñido que a otra cosa.

—Este chico no te pertenece ¡es mío! —gritó la voz por la boca de Juan—. Déjanos solos. No tengo nada que ver con ustedes.

El pastor miró a Juan, y habló en dirección a él pero no a él.

—Demonio, tú no tienes autoridad en este lugar. Escucha lo que dicen las Escrituras —el pastor comenzó a leer Efesios 1:19-23. Después de leer volvió a hablar en dirección a Juan—: No es en mi nombre, espíritu diabólico, sino en el nombre de Jesús que te mando que salgas.

El demonio comenzó a insultar al pastor y del muchacho salían palabras groseras. Sin embargo, el pastor se mantuvo firme, y los padres de Juan abrazaron a su hijo, mientras oraban con todas sus fuerzas. Finalmente se logró la victoria en la vida de Juan esa noche, y después de una larga e intensa lucha espiritual, el demonio fue obligado a salir. En la sala todos estaban agotados, pero antes de irse compartieron besos, abrazos y oraciones de agradecimiento.

Lo más importante esa noche fue que Juan entregó su vida a Cristo. Su relación con Jorge y con las cosas de las tinieblas quedó atrás. Ahora era una nueva persona en Cristo Jesús.

El poderoso nombre de Jesús

Existe algo poderosísimo en relación al nombre de Jesús. Por eso el pastor no intentó echar fuera al demonio en su propio nombre, ni en el nombre de Mahoma o de Buda, sino solo en el nombre de Jesús. (Ver Hebreos 2:14–15.)

Apocalipsis 12:9 relata el día en que Satanás y todos su ángeles serán derrotados. El nombre de Jesús es poderoso porque Jesús es Dios. Los demonios lo saben y por eso tiemblan frente a Él, como ocurrió cuando estaba en este mundo. Ellos sabían que era más que un simple hombre. Lee Lucas 8:28 y observa la reacción de los demonios.

La Biblia nos dice, sin ninguna duda, que Jesús es plenamente Dios y a la vez plenamente hombre.

Los atributos divinos de Jesús

A continuación señalamos algunos aspectos que la Biblia enseña sobre la persona de Jesucristo.

Jesús es eterno

Jesús no es un ser creado sino que siempre existió. En Apocalipsis 1:8 se menciona "Alfa y Omega", que es otra forma de expresar "principio y fin". Jesús estuvo desde el principio y estará por la eternidad. No es un ser creado (ver también Miqueas 5:2).

Jesús es el Dios eterno. Por toda la eternidad ha sido el Hijo, la segunda persona de la Trinidad. No tuvo comienzo. Ningún ángel, ni siquiera Satanás, puede hacer esa afirmación acerca de sí, porque Jesucristo creó a los ángeles y también los juzgará al final de los tiempos. Por esa razón tiemblan ante su santo nombre. Satanás odia el nombre de Jesús porque sabe que Cristo, el Dios eterno, un día lo arrojará al lago de fuego.

Jesús es el Dios creador

En Colosenses 1:16–17, vemos que todas las cosas fueron creadas por medio de Él. Todo cuanto existe: la tierra, el cielo, las estrellas, los planetas, la belleza increíble de la creación, todo fue creado "por medio de él y para él". Esto significa que cuando Génesis 1:1 nos dice que "Dios, en el principio, creó los cielos y la tierra" se refiere a Jesucristo. Él es el Dios creador.

Jesús afirmó que era Dios

Al ser judío, Jesús conocía la gran admiración que tenía el pueblo por Abraham, su padre espiritual. Un día, mientras hablaba con los líderes judíos, hizo una afirmación de una audacia increíble: dijo ser mayor que Abraham (quien había vivido 2000 años antes que Él). (Ver Juan 8:56–59.) Esta es una afirmación sorprendente de Jesús, porque no solo dijo ser mayor que el patriarca sino que al hacerlo empleó la expresión *Yo soy*. A nosotros puede parecernos un poco extraño, pero para los judíos era una blasfemia, porque "YO SOY" es el nombre de Dios. (Ver Éxodo 3:14.) En esencia, Jesús proclamaba: "Yo soy el Dios eterno del universo, el Dios de vuestro padre Abraham".

Para un judío, esas palabras eran blasfemia. Tomaron piedras para lapidarlo, porque en su tiempo la blasfemia era una ofensa mortal. Cualquiera que afirmara ser Dios era apedreado de inmediato.

Jesús es omnipotente

Un ejemplo de esto fue la oportunidad en que habló a la tormenta y esta cesó al instante (ver Mateo 8:24–27). Solo Dios tiene autoridad para hacer que los vientos y el mar lo obedezcan. No solo desplegó su poder sobre los elementos, sino que también levantó de la muerte a una niña, convirtió el agua en vino y en una ocasión multiplicó cinco panes y dos peces para alimentar a 5000 personas. El poder de Jesús es infinito y supera nuestro entendimiento.

Jesús es omnipresente

Jesús dijo a sus discípulos que nunca los abandonaría, que siempre estaría con ellos. La misma promesa se aplica a nosotros (ver Mateo 28:20). Al recorrer las páginas de la Biblia no encontramos la menor de duda de que Jesús es plenamente Dios. No es un ser creado, ni es menos que el Padre. Debemos adorarlo, amarlo y obedecerlo como a Dios.

¡Es maravilloso que Jesús nos permita conocerlo!

Debate en pequeños grupos

1. ¿Por qué es importante que comprendas que Jesús es Dios?

2. Describe lo que entiendes por "poder en el nombre de Jesús".

3. ¿Puede el poder de algún demonio dominar tu vida si tú invocas el nombre de Jesús? ¿Por qué?

La humanidad de Cristo

¿Alguna vez te has preguntado si Cristo era plenamente humano? Sabemos que es Dios, la segunda persona de la Trinidad, pero ¿hasta qué punto fue humano?

Algunos tratan de resolver el problema de la siguiente manera:

$$\begin{array}{rl} & \text{Jesús es 50 \% humano} \\ + & \text{Jesús es 50 \% Dios} \\ \hline = & \text{Jesús es mitad Dios y mitad hombre} \end{array}$$

Esta ecuación suena bien y parece tener sentido, hasta que analizamos la evidencia bíblica. Ocurre que las Escrituras dicen que Jesús fue plenamente hombre y plenamente Dios. Eso significa que la ecuación en realidad es así:

$$\begin{array}{rl} & \text{Jesús es 100 \% humano} \\ + & \text{Jesús es 100 \% Dios} \\ \hline = & \text{Jesucristo es plenamente Dios y plenamente hombre} \end{array}$$

Veamos algunos aspectos de su humanidad que nos muestran por qué puede relacionarse de manera plena contigo y conmigo en nuestra condición humana.

Jesús nació de una mujer: María

El nacer es algo humano. Todas las personas que conoces han nacido de la misma manera: de una mujer. Cuando Jesús nació, su madre tuvo verdaderos dolores de parto y un parto real, tal como cualquier otra mujer que haya tenido un bebé. Jesús entró al mundo por un canal de parto, igual que tú y yo.

En cierta ocasión, un padre esperaba con ansiedad el nacimiento de su primer hijo. Como

CAPÍTULO 14

todo padre, suponía que el bebé sería hermoso, pero para su sorpresa el bebé nació con la cabeza ovalada y en realidad se veía algo feo. Recibió al bebé de las manos del médico y con cierta vacilación se lo mostró a la madre, mientras pensaba: *"Bueno, bien o mal, aquí está"*. Lo que este padre no sabía era que la cabeza deformada es algo normal en los bebés recién nacidos.

Todavía un poco incómodo por la "deformidad" de su bebé, el padre fue a mostrar a su primogénito. Frente al vidrio de la sala de neonatología levantó al bebé para que todos pudieran verlo. Podía adivinar las preguntas en la mirada de sus amigos, de modo que gesticuló a través del cristal: "Se pondrá bien; ya se le irá la forma ovalada". Sus amigos suspiraron aliviados.

Pero mientras el padre acunaba a su pequeño hijo en la sala de niños recién nacidos, el aspecto del bebé dejó de tener importancia. Era su hijo y descubrió que lo amaba sin importar su aspecto. (Luego, por supuesto, la cabecita tomó la forma normal y ese niño se ha convertido en un joven buen mozo.)

Tal vez Jesús tuvo la cabeza deforme cuando nació, como ocurre con muchos bebés. Por cierto lloraba cuando tenía hambre, y con frecuencia necesitó cambio de pañales. Sin duda era un bebé normal y feliz que, por supuesto, no tenía naturaleza pecaminosa. Había nacido de una virgen, lo que significaba que no había heredado la naturaleza pecadora de Adán. Y al crecer, habrá tenido una actitud dulce y obediente hacia sus padres. Sin embargo, la cuestión es que era un niño normal.

Jesús aprendía

Lee Lucas 2:52. Este versículo nos habla del joven Jesús y su paso de la niñez a la adultez. En esencia dice que Jesús crecía física, intelectual, espiritual y socialmente. En todos los aspectos de su humanidad, Jesús creció y se desarrolló tal como lo hacemos nosotros.

¿Cómo puede ser? Si Jesús es Dios ¿cómo es posible que haya tenido que aprender algo? ¿Acaso no lo sabía todo?

Lee Filipenses 2:5–8. Es evidente que Jesús estuvo dispuesto a *dejar de lado los privilegios de su deidad* para entrar de lleno en la experiencia de ser humano. No dejó de ser Dios, pero por un tiempo limitado renunció a ciertos atributos que le pertenecían desde el principio, si bien los utilizó en ciertas oportunidades en que el Padre lo guiaba a hacerlo. Por ejemplo, sanó a algunas personas en forma sobrenatural, pudo leer la mente y profetizar el futuro. Sin embargo, esos atributos no lo apartaban de su humanidad porque Jesús fue plenamente hombre.

Imagina cómo hubiera sido ser un amigo de Jesús en su infancia:

- Hubieras asistido con Él a la escuela hebrea y estudiado la Torá, los libros de Moisés. La lúcida percepción de Jesús en los asuntos espirituales hubiera a la vez agradado y desconcertado a sus maestros.
- Habría tenido una increíble capacidad de aprendizaje debido a que el pecado no interfería en sus aptitudes intelectuales como ocurre con nosotros.
- Habría tenido un gran respeto por sus padres. Nunca lo habrías visto quejarse ni desobedecerlos.
- Jamás lo habrías escuchado decir una broma pesada ni herir a nadie con habladurías o insultos.
- Se habría esforzado por llegar a ser un carpintero habilidoso, oficio aprendido de José, su padre de crianza.
- Habría sido el mejor amigo que pudieras imaginar, en todos los sentidos.

Jesús experimentó todas las etapas de la vida: aprendió a caminar, le salieron los dientes de leche y luego los perdió, jugó a la pelota y a otros juegos infantiles. Es probable que hasta haya tenido acné en la nariz. Sin embargo, nada de eso desmerece su persona; más bien nos ayuda a comprender que Jesús fue plenamente humano.

Jesús experimentó todas las emociones humanas

Si alguna vez has perdido un amigo o has amado a alguien hasta su muerte, sabrás que el dolor es increíble. Nos consuela saber que Jesús comprende ese tipo de experiencia. Es muy probable que haya perdido a su padrastro José cuando era todavía niño o joven. También tenemos el relato sobre Lázaro, uno de los mejores amigos de Jesús. Lázaro murió, y cuando Jesús llegó a la casa, hacía cuatro días que había fallecido. De pie frente a la tumba, la Biblia expresa esta sencilla frase: "Jesús lloró" (Juan 11:35). Son palabras simples, pero de enorme importancia. La palabra original que se emplea para decir "lloró" expresa claramente que Jesús derramó lágrimas por su amigo. Quizás haya sollozado de manera desconsolada; no lo sabemos. Sí sabemos que Jesús comprende nuestro dolor, incluso cuando derramamos lágrimas por la pérdida de un amigo o un ser amado.

La Biblia también enuncia otras emociones que experimentó Jesús: gozo, compasión, cansancio y la sensación de estar agobiado. En todo esto demostró que era plenamente humano.

Jesús no llamaba la atención

Lo sabemos por un hecho que ocurrió al comienzo de su ministerio, cuando tenía alrededor de 30 años. En Mateo 13:54–58 las Escrituras nos dicen que quienes estaban atónitos por el ministerio de Jesús eran precisamente los que lo conocieron durante la etapa de su crecimiento: sus amigos, sus maestros, el carnicero de la esquina, el verdulero del vecindario... todos se asombraron cuando Jesús afirmó que era el Mesías, el Hijo de Dios.

Esa reacción nos indica que en muchos aspectos Jesús parecía un ser humano común. Aunque María sabía la verdad porque recordaba las circunstancias de su nacimiento y el mensaje del ángel Gabriel (ver Lucas 1:26–2:19), los que crecieron cerca de Él se sorprendieron de que fuera el Hijo de Dios. Incluso sus hermanos dudaron de Él. Cuando Jesús les dijo que era el Mesías, pensaron que estaba loco y respondieron con sarcasmo que debía demostrarlo: "Así que los hermanos de Jesús le dijeron: 'Deberías salir de aquí e ir a Judea, para que tus discípulos vean las obras que realizas, porque nadie que quiera darse a conocer actúa en secreto. Ya que haces estas cosas, deja que el mundo te conozca.' Lo cierto es que ni siquiera sus hermanos creían en él" (Juan 7:3–5).

Durante los primeros 30 años de su vida, Jesús no llamó la atención sobre sí mismo. No trató de impresionar a sus amigos con milagros ni de superarlos con sus poderes sobrenaturales. En su lugar llevó una vida normal en perfecta obediencia a sus padres terrenales y a su Padre celestial. En todo sentido fue plenamente humano.

Jesús fue tentado en todo, pero no pecó

Lee lo que dice Hebreos 4:15 sobre Jesús. ¿Alguna vez fuiste tentado por la codicia? Jesús también lo fue. ¿Alguna vez fuiste tentado por la lujuria o los malos deseos? Jesús conoce también esa tentación. ¿Has experimentado la atracción del mundo y el deseo de vivir en la abundancia? ¿Has deseado un estilo de vida centrado en ti mismo? Jesús también, porque las Escrituras dicen que fue tentado en *todo*.

Sin embargo —y es fundamental que lo comprendamos— ¡Jesús jamás cedió! *Jamás*. Ni una sola vez cedió a las tentaciones que lo rodeaban. Satanás hizo todo lo posible para atraer a Jesús al pecado mientras ayunaba en el desierto (ver Lucas 4:1–13), pero no lo consiguió.

Cada vez que un estudiante llamado Javier entraba a un negocio, se paseaba frente a las estanterías mirando todo aquello que no podía comprar. Javier ansiaba de tal manera algunas de esas cosas que comenzó a robarlas. Al principio eran cosas insignificantes y pequeñas, pero a medida que pasaba el tiempo, fueron artículos de más de valor. Él desarrolló habilidad para robar e incluso se enorgullecía. Como creyente sabía que estaba mal, pero cuando se veía tentado no lograba controlarse y al final dejó de resistirse. Durante años estuvo enredado en el pecado del robo.

Una noche Dios convenció de pecado a Javier mientras este leía la Biblia. Comprendió la gravedad de lo que hacía y comenzó a buscar amigos que lo ayudaran a controlar sus actos. Con el tiempo obtuvo la victoria sobre ese aspecto de su vida.

¿Puede entender Jesús lo que experimentaba Javier? Sí, puede entender la tentación. Sin embargo, Jesús no podía pecar porque era Dios. Su naturaleza humana nunca existió separada de su naturaleza divina, y la Biblia dice que Dios no peca (Mateo 5:48). Jesús entiende la atracción que ejerce la tentación sobre nosotros porque Él mismo la experimentó.

Jesús vivirá para siempre en un cuerpo humano glorificado

Cuando Jesús ascendió al cielo, lo hizo en un cuerpo que es prototipo del que tú y yo tendremos en la eternidad. Aunque reinará para siempre como Rey de reyes y Señor de señores, al parecer nunca perderá las marcas de los clavos de las manos y los pies porque es *plenamente humano* a la vez que *plenamente Dios*. Será un constante recordatorio del sacrificio que hizo para obtener nuestra salvación.

Jamás cedas ante el pecado pensando: *"Bueno, después de todo soy humano"*. Jesús fue humano y, sin embargo, es un ejemplo de sacrificio personal y total sujeción al Padre. Debemos seguir el ejemplo de Cristo. (Ver 1 Juan 2:6.)

Carlos ama al Señor y lo demuestra por la forma en que usa su tiempo. Dos veces por semana colabora con un albergue para gente sin hogar, al que se acercan personas en busca de comida y compañía. A Carlos le gusta hacerlo porque sabe que de esa manera sigue los pasos de Jesús.

Un día un anciano llamado Gregorio entró a refugiarse del frío. Mientras conversaban, Carlos se dio cuenta de que el hombre estaba en las últimas. Poco tiempo antes había perdido al último pariente que le quedaba, y se sentía desesperadamente solo. Carlos se embarcó en una conversación de dos horas y le contó a Gregorio cómo Cristo podía cambiar su vida. Luego lo invitó a asistir a la iglesia.

A la mañana siguiente, Gregorio se sentó en la iglesia y escuchó sobre el perdón y la esperanza que encontramos en Cristo. Al finalizar la reunión, se levantó del asiento, se apresuró a pasar al frente donde cayó de rodillas con el rostro bañado en lágrimas. Carlos lo abrazó y lo guió en una oración para recibir a Cristo como Salvador.

Al demostrar tal amor por Gregorio, Carlos imitaba el ejemplo que nos dejó Jesús hace 2000 años. Por el poder del Espíritu Santo que está en nosotros, todos podemos llevar una vida tras los pasos de Cristo.

Recuerda que Jesús comprende tus tentaciones, tus temores y tus debilidades. Él fue plenamente Dios y también plenamente hombre.

Debate en pequeños grupos

1. Si oras a Jesús, ¿puede Él identificarse contigo cuando escucha tus oraciones?

2. Dado que debemos imitar a Cristo, ¿qué pasos concretos puedes dar tú para seguir su ejemplo terrenal (por ejemplo, al cuidar de los pobres y los necesitados)?

El pecado

En un local de comidas rápidas, la empresa advierte con un cartel bien notorio en un costado de la taza: "Cuidado: el contenido de esta taza está muy caliente y puede causarle quemaduras en caso de derramarse".

Parece una redundancia ¿verdad? La mayoría de las personas sabe que el café se sirve bien caliente, y que los líquidos calientes provocan quemaduras si se vuelcan. Entonces ¿por qué hacen esa advertencia?

Recuerdo haber leído un artículo en el diario acerca de una persona que derramó el café en uno de esos locales, se quemó y luego demandó por daños y perjuicios a la empresa porque el café estaba "demasiado caliente". En lugar de aceptar la responsabilidad por su error, esa persona decidió ponerse en el lugar de víctima y la empresa terminó pagando miles de dólares para terminar con el pleito.

En un caso similar, un amigo mío que trabaja como policía de tránsito me contó de un hombre que demandó al Estado por negligencia. El hombre argumentó que el oficial debió haberlo visto conducir ebrio antes de que el automóvil se saliera de control y chocara con un poste de teléfono. En su opinión, la culpa era del policía.

Te cuento otro caso. Un hombre se emborrachó en una taberna y regresó a su casa a las dos de la mañana. De alguna manera terminó caminado por el jardín de un vecino, tropezó con el borde de un cantero, se cayó y se quebró una pierna. Luego demandó a los propietarios por negligencia, si bien él no tenía ningún derecho a caminar por ese lugar en medio de la noche.

¿Te sientes identificado con estas actitudes?

CAPÍTULO 15

Deberías, porque todos ponemos excusas por nuestro comportamiento. Cuando nos encuentran haciendo algo malo, es propio de nuestra naturaleza culpar a algo o a alguien en lugar de asumir la responsabilidad. Hacemos como el niño de ocho años que desobedeció a su padre y sacó las herramientas de la casa. Cuando las encontraron, el padre reprochó al niño:

—Hijo, te dije que no sacaras esas herramientas de la cochera. ¿Por qué lo hiciste?

—Pero papá, yo no lo hice, ¡fue mi brazo! —respondió el niño. Lo decía en serio. Él no estaba dispuesto a asumir la responsabilidad (y el castigo) por desobedecer a su papá, y por lo tanto encontró otra cosa a la cual culpar: su brazo. Por absurdo que parezca, es frecuente que busquemos excusas, ¡y a veces son bastante ingeniosas!

El pecado de Adán se ha convertido en nuestro pecado

Según la historia de Adán y Eva, el pecado nos llegó como resultado de la elección que esta pareja hizo en el jardín del Edén. (Ver Génesis 3:1–13.) Satanás apeló al deseo que ellos tenían de libertad de elección y sembró una semilla de duda en sus mentes: "¿Es verdad que Dios les dijo que no comieran de ningún árbol del jardín?", preguntó maliciosamente la serpiente. "Dios sabe muy bien que, cuando coman de ese árbol, se les abrirán los ojos y llegarán a ser como Dios, conocedores del bien y del mal".

Por supuesto, probaron la fruta, inmediatamente descubrieron que el conocimiento adquirido les acarreaba destrucción y muerte. Así fue como entró el pecado en el mundo, y desde entonces venimos pagando el precio de su error.

Si Adán y Eva fueron los que mordieron el anzuelo, ¿por qué entonces se nos castiga a nosotros? ¿No deberían darnos la misma oportunidad de elegir? En realidad, se nos culpa de pecado porque confirmamos aquella elección cada vez que decidimos desobedecer a Dios. (Ver Romanos 5:12 y 18–19.)

Nos guste o no, la raza humana está infectada con esta enfermedad llamada pecado. La adquirimos de nuestros padres, quienes a su vez la heredaron de los suyos, y así fue pasando de generación en generación. Es como un virus mortal que pasa de persona a persona, y cada uno de nosotros ha heredado sus efectos nocivos. Tú y yo somos responsables porque Dios ha "imputado", con pleno derecho, el pecado de Adán a nuestra cuenta. En otras palabras, cuando Adán pecó representaba a toda la raza humana, por eso somos culpables de pecado, al igual que Adán. Tenemos tendencia a pecar porque nacemos con una naturaleza pecadora. Cada vez que elegimos pecar, confirmamos que somos como nuestro antepasado Adán. Una persona no se vuelve pecadora cuando comete su primer pecado después que nace. La Biblia declara que somos "concebidos" en pecado. El Salmo 51:5 dice: "Yo sé que soy malo de nacimiento; pecador me concibió mi madre". De nada vale decir que la naturaleza corrupta que recibimos de Adán es injusta. La verdad es que tú y yo hubiéramos hecho lo mismo que hicieron Adán y Eva. Todos somos culpables delante de Dios y responsables por las elecciones que hacemos en esta vida.

¿Qué es el pecado?

La Biblia se vale de diversas figuras para mostrar el significado del pecado, pero una de las más claras es la flecha que no da en el blanco. Ser perfectos sería como dar siempre en el centro del blanco y, a decir verdad, nunca damos en el centro de la perfección de Dios. Siempre "erramos al blanco".

El pecado es el resultado de no ajustarnos a la ley moral de Dios. A menudo infringimos a propósito sus reglas morales. Sabemos que Dios nos ha ordenado que no seamos inmorales, sin embargo reconocemos que hacemos cosas incorrectas desde el punto de vista moral.

Lee 1 Juan 3. Cada vez que pecamos violamos el carácter santo de Dios. En su raíz, los pecados que cometemos son una afrenta personal a Aquel que nos creó y nos ama. Por eso Dios considera el pecado con tanta seriedad.

Las consecuencias del pecado

En el jardín del Edén, Dios advirtió al primer hombre y a la primera mujer: "El día que de él comas [el fruto], ciertamente morirás"

(Génesis 2:17). ¿Te imaginas cómo se habrán sentido cuando oyeron que Dios los llamaba, después de haber probado el fruto? (Ver Génesis 3:8–9.) ¡No en vano tenían miedo! Recordaron la advertencia de Dios acerca de la muerte, y no deseaban enfrentar su suerte. Pero Dios no los esperaba con una sentencia de muerte sino que les ordenó salir del huerto y les advirtió sobre una serie de maldiciones que tendrían como consecuencia de su pecado. (Ver Génesis 3:14–19.) ¿Mintió Dios? ¿Se retractó de su palabra? No, la muerte tomó una forma diferente de la que ellos imaginaban. Veamos las diferentes maneras en que la muerte entró en la vida de Adán y Eva, y en nuestro propio mundo.

Primero, experimentaron la muerte de una relación perfecta con Dios. Ya no eran inocentes y puros como Él y ya no podían acercarse a Él como lo hacían antes. Ahora su pecado era una barrera, un obstáculo en su relación con Dios.

Segundo, experimentaron la muerte de la inocencia de su propia relación. Antes de "la caída" (como se llama al incidente del fruto o "la manzana" del huerto), Adán y Eva estaban desnudos pero no se avergonzaban de ello. (Ver Génesis 2:25.) No tenían nada que ocultarse; disfrutaban de una relación abierta, pura y sin inhibiciones. Sin embargo, cuando el pecado entró en el mundo, las cosas cambiaron entre ellos. (Ver Génesis 3:7.)

Tercero, experimentaron la muerte del ambiente perfecto en que vivían. El pecado afectó a algo más que la raza humana: provocó un desequilibrio en toda la naturaleza. Antes de la caída, no había muerte ni derramamiento de sangre. Toda la naturaleza estaba en perfecta armonía y equilibrio. Sin embargo, después que entró el pecado, el ambiente entró en una espiral descendente de fuerzas destructivas que continúan hasta hoy. Terremotos, erupciones volcánicas, huracanes y muchos otros desastres naturales se manifiestan en el planeta a causa del pecado.

Cuarto, comenzaron su lento descenso hacia la muerte física. Desde el momento en que mordieron el fruto prohibido y abandonaron el Edén, Adán y Eva comenzaron a experimentar el efecto del pecado en sus propios cuerpos mortales: dolor, sufrimiento, enfermedad, hasta llegar a la ancianidad y la muerte. Antes del pecado ninguna de esas cosas había estado presente; ahora, en cambio, son parte de la vida.

La corrupción que trae el pecado

La Biblia nos dice que el pecado es universal. Ha afectado a toda la humanidad hasta el núcleo de su existencia. Lee Romanos 3:9–10 y Efesios 2:3. Tal vez pienses: *"Vamos, yo no soy así; soy una persona decente"*. Cuando nos comparamos con otras personas, podemos parecer bastante buenos. Pero cuando nos comparamos con Dios, que es perfecto y santo, y no tiene el mínimo pecado, resulta evidente que fuimos corrompidos por completo por el pecado.

En el juzgado reinaba una atmósfera de suma tensión. Dos familias se habían reunido para escuchar el fallo del jurado y estaban ubicadas a ambos lados de un amplio pasillo. Cuando Martín se puso de pie frente al juez, se oyeron sollozos en los dos grupos. Se lo declaró culpable de la muerte de una adolescente cuando conducía bajo los efectos del alcohol. Era el momento de escuchar la sentencia.

Antes de pronunciar el veredicto, el juez preguntó si la familia de la víctima quería decir algo al joven. Lo que siguió, conmovió a toda la sala.

Primero se levantó una tía de la joven y enfrentó al acusado. Lo miró directo a los ojos y dijo:

—Te odio. Los odio a ti y a tu familia. Me quitaste a mi sobrina y desearía que nunca hubieras nacido.

Uno por uno, los demás miembros de la familia se pararon frente a Martín y le dijeron de qué manera los había dañado con su descuido. Algunos hablaron con odio y amargura; otros, con un sentido de compasión por el joven y su familia. Sin embargo, todos deseaban que se lo castigara con severidad.

Después que terminó de hablar la familia de la víctima, el juez dictó la sentencia. Martín iría a la cárcel. La sentencia era severa y la familia de la víctima se sintió reivindicada porque el castigo era adecuado al crimen cometido.

Imaginemos si el juez hubiera decidido no castigar al joven. Supongamos que el juez hubiera dicho: "Bueno, en realidad me parece que el acusado es un joven agradable y no creo que vuelva a hacer lo que hizo, así que lo dejaré en libertad".

La familia de la muchacha se hubiera enfurecido, lo mismo que te hubiera ocurrido a ti si fueras miembro de esa familia. ¿Por qué? Porque el pecado es algo que hay que enfrentar. No hacerlo es traicionar el sentido de justicia que tenemos todos. Del mismo modo, Dios debe juzgar el pecado para ser fiel a su naturaleza santa y justa. Dios no puede dejar sin castigo el pecado, como tampoco el juez podía dejar sin castigo al joven del relato. Dios debe castigar el pecado y lo hará. No tiene alternativa. No importa lo que pensemos, el pecado es un asunto serio.

Debate en pequeños grupos

1. Describe una oportunidad en la que saliste airoso con una horrible excusa para encubrir un pecado. ¿Por qué te esforzaste tanto en taparlo?

2. Haz una lista con algunos de los pecados que ves en el mundo que te rodea. ¿Cuál es el origen de todos esos pecados? ¿Puede alguna persona no tener pecado? ¿Por qué?

La justificación

Hay ocasiones en que la vida es extremadamente injusta, como en el caso de un pequeño llamado Cristian.

María, que era madre soltera, amaba a su hijo más que a su propia vida. Su pequeño de tres años era su deleite y se esforzaba por cuidarlo de la mejor manera posible.

Cristian era un niño inquieto al que le gustaba corretear y jugar alegremente. A María eso no le molestaba, pero a Luis, el inestable novio de María, le fastidiaba el comportamiento de Cristian. No solo le resultaba difícil controlar al niño, sino que consideró que se interponía en su relación con María.

Entonces decidió hacer algo al respecto.

El resto de la historia es una tragedia indescriptible. Un día, mientras María dormía la siesta, Luis se llevó al pequeño Cristian a una casa abandonada y lo torturó hasta quitarle la vida. Cuando María despertó y no halló a su hijo, alertó de inmediato a la policía. Durante más de una semana toda la ciudad buscó al pequeño, y Luis fingía ayudar en la búsqueda.

Por fin encontraron el cuerpo y Luis confesó el crimen a la policía. El dolor de María era indecible. No solo había perdido para siempre a su amado hijo, sino que además ahora sabía que el novio en quien confiaba era el asesino.

A medida que la pesadilla de esos horribles sucesos fue transformándose en una realidad cotidiana, a María comenzó a consumirla un anhelo, algo que podría aliviar su dolor. Era necesario que algo ocurriese para que tuviera sentido seguir viviendo.

Una sola cosa podía lograrlo: la justicia.

María necesitaba un sentido de justicia en medio de esa terrible situación. No era una persona vengativa ni malvada, pero necesitaba ver a Luis castigado por lo que había hecho con su pequeño, con su vida y su mundo. Si no se hacía justicia, a María no le quedaba nada. Sin justicia, el mundo carece de sentido. Nuestra percepción innata de lo que es justo requiere que así sea.

¿Qué es la justificación?

Instintivamente tú y yo creemos que Luis merecía ser castigado por el crimen cometido. Muchos diríamos que merecía la pena de muerte. Tiene que haber una consecuencia acorde con el crimen, de lo contrario el mal ganaría más terreno todavía en este mundo.

De la misma manera, porque Dios es justo y santo, Él no dejará el pecado sin castigo así como debía castigarse el crimen de Luis. Si no lo hiciera, sería un Dios malo, tal como lo sería el Estado si se negara a castigar a Luis. En Proverbios 17:15 dice: "Absolver al culpable y condenar al inocente son dos cosas que el SEÑOR aborrece".

La palabra *justificación* es un término bíblico que describe la manera por la cual Dios permite que las personas puedan estar con Él en el cielo. Para ser salvos del pecado, tú y yo primero debemos ser "justificados" ante Dios.

La palabra "justificación", como se usa en la Biblia, es un término legal. Piensa en ella en el contexto de un tribunal de justicia donde está el juez, el acusado, el abogado defensor y el fiscal. Imagínate como acusado de pie ante Dios. Te estremeces ante cada acusación que se lee en tu contra porque sabes que todas son reales. Eres culpable y no hay excusas.

Si estuvieras en una corte de justicia, ¿qué tipo de acusaciones se harían en tu contra? Seguramente nada tan grave como lo que hizo Luis en el relato anterior. Si eres como la mayoría de las personas, tus malas acciones empalidecerían frente a un crimen tan aborrecible.

Sin embargo Dios dice que nuestro pecado, cualquier pecado, es un delito capital que merece la muerte. En Romanos 6:23 leemos las siguientes palabras: "Porque la paga del pecado es muerte".

Ahora lee Romanos 3:23. ¿Quién ha pecado contra Dios? "Todos han pecado".

¿Por qué el pecado merece la muerte? Después de todo, ¿acaso no nos hizo Dios como somos? ¿Por qué no puede aceptarnos en el cielo aunque no seamos tan perfectos como es Él? Para decirlo de una forma leve, parece una intolerancia de parte de Dios. En realidad, Dios no nos hizo como somos, es decir pecadores. Nos creó perfectos, en un lugar perfecto: el jardín del Edén. Cuando Adán y Eva eligieron desobedecer a Dios y comieron el fruto prohibido, en realidad tomaron la decisión en nombre de todos nosotros, una opción que tú y yo confirmamos continuamente con nuestras acciones diarias.

El pecado es una ofensa contra Dios. Él es santo y perfecto en todo sentido. El libro de Habacuc, en el Antiguo Testamento, dice acerca de Dios: "Son tan puros tus ojos que no puedes ver el mal; no te es posible contemplar el sufrimiento".

La verdad sin vueltas es esta: Dios aborrece el pecado. No juega con él, no lo consiente ni lo deja pasar. Quienes pecan están bajo el juicio de Dios y son merecedores del castigo señalado para el pecado: la muerte. Tal vez no nos gusten las reglas; tal vez no estemos de acuerdo con ellas y ni siquiera las entendamos, pero Dios es quien pone las reglas según su criterio santo y justo.

Y según Dios, todos somos culpables de pecado y en consecuencia merecemos la muerte... No hay vuelta de hoja.

¿Qué significa ser justificado?

Imagínate una vez más en la corte de justicia. Estás de pie frente a un Dios santo que acaba de declararte culpable. El eco del martillo del juez resuena en toda la sala. No hay debate, no hay apelación y no hay excusa. Sabes que el veredicto es justo, y cualquier intento de desafiarlo carecería de sentido. Las excusas serían inútiles frente a Aquel que conoce toda palabra, todo pensamiento y toda motivación. Ni siquiera tus mejores acciones pueden tapar la mancha del pecado que cubre tu alma.

Tú quedas esperando la sentencia, y esta llega como una espada veloz que te penetra hasta los huesos y la médula. Con una mezcla de vergüenza y terror escuchas mientras se confirman tus peores temores: serás sentenciado a una eternidad de muerte y oscuridad. No hay esperanza de indulto ni libertad condicional, ni tampoco reducción de la condena por buena conducta. Pasarás la eternidad pagando la deuda que habías considerado tan intrascendente hasta ahora, la deuda contraída por una vida de pecado.

Cierras los ojos y pones tenso el cuerpo, a la espera de que el carcelero te espose. Ya puedes escuchar los gritos y percibir la claustrofobia del oscuro lugar al que te conducen. Las piernas te tiemblan de miedo. Sientes que desfalleces cuando de pronto alguien te sostiene; es una presencia firme y amorosa.

Abres los ojos y ves a tu lado una figura vestida con un manto. Se dirige a la corte con una voz fuerte y segura.

—Padre Juez, estoy dispuesto a pagar la deuda de este pecador. He sufrido la muerte por él en la cruz, y le doy la oportunidad de estar entre los perdonados, si él lo desea.

El Juez eterno te mira directo a los ojos y responde:

—La deuda debe pagarse. O la pagas tú o aceptas que mi Hijo acredite su propia justicia en tu cuenta, lo cual saldará tu deuda. No es algo que puedas ganar; es un regalo que debes aceptar o rechazar. ¿Qué decides?

¿Qué pasa con nuestras buenas obras?

David tenía dificultades con el mensaje de Cristo. Cada vez que pensaba en Dios se sentía culpable, de manera que decidió mantenerse lo más alejado posible de la iglesia. Solía decir a sus amigos que si llegaba a entrar a un templo ¡las paredes se desplomarían por la sorpresa de verlo allí!

Racionalizaba su "falta de religión" comparándose con otras personas. "Soy tan bueno como mi vecino, y hasta mejor", se decía a sí mismo. Sin embargo, en honor a la verdad, David no era un tipo tan bueno. Durante años había mantenido relaciones sexuales con adolescentes. Sabía que eso estaba mal, pero la culpa y la vergüenza lo hacían encubrir su pecado. Las muchachas nunca lo delataron y nadie se había enterado de su accionar, pero era un sentimiento de culpa con que David se veía obligado a convivir.

En su lecho de muerte, David recordó el mensaje de Cristo. En lo profundo de su ser sentía que no había sido lo bastante bueno como para recibir la salvación. No lograba aceptar el regalo de

Cristo, de modo que murió sin haber recibido el perdón de sus pecados. Ahora bien, según la Palabra de Dios *David pasará la eternidad pagando por el pecado que cometió en esta vida, por no haber aceptado el regalo que se le ofrecía.*

Si aceptas la oferta de Cristo, Dios te declarará justificado. No significa que no eres culpable. Significa que *a pesar de ser culpable,* tu castigo ha sido sobrellevado por otro. Aunque merecías la muerte, la sangre de Cristo te ha limpiado de todos tus pecados. De esa manera la ira de Dios ha quedado satisfecha por la justicia de Cristo que ha sido acreditada a tu cuenta.

La justificación solo se recibe como un regalo; ¡no se puede ganar! Esta verdad es contraria a nuestra naturaleza humana. El apóstol Pablo era un hombre que hacía un gran esfuerzo por ser un fiel seguidor de Dios. Era celoso en hacer buenas obras y corría con ventaja cuando se comparaba con otros líderes religiosos.

Pablo estaba convencido de que se merecía el cielo. Sin embargo, estaba tan convencido de ello que incluso perseguía a quienes confiaban en Cristo para su salvación. Es decir, eso ocurrió hasta que conoció a Jesucristo en forma personal. Lee Efesios 2:8–9 para ver lo que opinaba Pablo de sus buenas obras muchos años después.

Desgraciadamente muchas personas tratan de ganar el favor de Dios cumpliendo los mandamientos divinos. Estudian las reglas que hay en la Biblia y se enorgullecen de cuántas pueden cumplir. Creen que si las cumplen (digamos de paso que nadie puede hacerlo a la perfección), serán aceptados por Dios.

Sin embargo, nadie puede ser justificado por reglamentos ni por la ley. (Ver Romanos 5:1–2.)

Las buenas obras son importantes, pero no para ser justificados. Más bien, son la respuesta adecuada a lo que Dios ha hecho en nuestra vida. Una vez que el Espíritu de Dios cambia nuestro corazón, deseamos vivir de otra manera. Entonces Dios nos da el poder para realizar buenas acciones.

Dios es un Dios de justicia. Aunque el mundo en que vivimos está lleno de grandes y pequeñas injusticias, un día Dios pondrá en orden todas las cosas.

Debate en pequeños grupos

1. Piensa en una historia o en un hecho de tu propia vida cuando alguien te haya tratado mal. ¿Pensaste alguna vez que esa persona merecía ser castigada?

2. ¿Es posible hacer suficientes buenas obras como para ser justificado ante Dios?

La cruz

Como todas las mañanas, Roberto salió de la cama y bajó a la cocina antes del amanecer. Preparó una taza de café y se sentó a la mesa para leer el diario matutino. Apenas había leído los titulares cuando el sonido de pequeñas pisadas que bajaban por la escalera le anunció que su hijo de ocho años también se había levantado antes del alba.

Jaime rodeó la mesa y se trepó a las rodillas de su papá, con una amplia sonrisa que era el único sol que Roberto necesitaba. El niño tenía un asombroso parecido con su padre. Todo el mundo decía que eran un calco. El pequeño incluso vestía *jeans* y camisa a cuadros como el papá.

En medio del desayuno, Jaime hizo a un lado el plato y dijo:

—Papá, estoy listo para acompañarte hoy.

Jaime giró y saltó de la silla.

—Bien hijo, busquemos tu abrigo.

Roberto amaba a ese niño más que a su vida, y ese día lo llevaría a su trabajo por primera vez. Su hijo le había suplicado ir y hoy era el gran día. Roberto estaba orgulloso de que su hijo quisiera ser como él.

Padre e hijo salieron de la casa en el momento en que el sol asomaba por el horizonte a sus espaldas, con una explosión de color naranja que iluminaba el inmenso puente móvil del ferrocarril, hacia el que se dirigían. Roberto era ferroviario, y durante años había manejado los controles que cambiaban de lugar ese enorme puente cada vez que se acercaba un tren. Una vez que el tren terminaba de cruzar sobre el torrentoso río, Roberto apretaba otro botón que retornaba el tramo del puente a su posición original.

Llegó a la pequeña cabina donde estaban los controles y comprobó que los medidores y las palancas funcionaran bien. El reloj en la pared le indicó que el tren de las 6:47 que venía de la gran ciudad estaba a solo cuatro minutos del puente. Efectivamente, haciéndose sombra sobre los ojos miró por la ventana y vio el reflejo del sol sobre la veloz cinta de plata que descendía de la montaña a varios kilómetros de allí.

Mientras Roberto se dirigía a los controles, un pensamiento lo sacó de su rutina diaria. *¿Dónde está mi hijo?*, se preguntó mientras recorría con la mirada el interior de la cabina.

Con una sensación de pánico corrió hacia afuera y miró hacia el río turbulento que corría allá abajo. Allí estaba su hijo, trepado en las enormes palancas de cambio que pronto pondrían al puente en la posición correcta.

—¡Jaime! ¡Jaime! ¡Jaime! —gritó con todas sus fuerzas el padre, aterrorizado. Agitó los brazos, en un intento desesperado por llamar la atención del niño. Todo era en vano; el niño estaba mirando en la dirección opuesta, y el ruido de las aguas le impedía escuchar los frenéticos gritos del padre.

El agudo silbato del "6:47", que ahora estaba a dos minutos del río, hizo que el corazón de Roberto diera un vuelco. De repente recordó el tren. ¡Cientos de pasajeros morirían si no empujaba la palanca que colocaba el puente en posición!

—¡Jaime! ¡Hijo mío! —gritó mientras echaba una última mirada hacia su amado niño. Corrió hasta el control y empujó abrumado la palanca, consciente de que su hijo moriría cuando el puente se ubicara en posición.

—¡Perdóname, mi pequeño! ¡Por favor, perdóname! —susurró mientras lágrimas ardientes le corrían por las curtidas mejillas.

En cuestión de segundos el reluciente tren estaba sobre el puente y cruzaba hacia otra orilla, mientras los pasajeros saludaban sonrientes al guarda encogido en su pequeña cabina. No tenían la menor idea del sacrificio que acababa de hacer por ellos.

Un padre real, una historia real

La historia anterior puede o no ser cierta; nadie lo sabe con certeza. Sin embargo, hay otra historia que es todavía más increíble, y que sabemos que es cierta: un Padre real renunció a su Hijo real, por el bien de personas reales que iban camino a la destrucción. Lee lo que dice la Biblia en Juan 3:16. Esta es una historia más asombrosa que la anterior: ¡Dios amó tanto a la humanidad que envió a su Hijo a morir en su lugar!

El sufrimiento físico que soportó Jesús
El relato bíblico de la agonía y la crucifixión de Jesús no es para los que sufren del corazón. Con frecuencia estamos tan familiarizados con el relato, que olvidamos que se trata de un hecho *real*. Dedica unos minutos para leer Lucas 23:26–43 e imagina cómo te sentirías si eso le hubiera ocurrido a un miembro de tu familia o a tu mejor amigo. Intenta visualizar el terrible impacto de ver a alguien que padece una tortura semejante.

¡Qué historia tremenda! Jesucristo —el Dios del universo, que vino a la tierra para ser parte de la humanidad— fue golpeado, pisoteado, pateado, burlado, azotado, obligado a cargar su cruz, hasta que le clavaron las manos y los pies en la madera.

No pienses ni por un momento que Jesús no sintió el mismo dolor que hubiera sentido un hombre común; Él pasó por la agonía física. El *Journal of the American Medical Association* (publicación de la Asociación Norteamericana de Medicina) nos informa sobre algunos sangrientos detalles de los azotes y la crucifixión como medios de tortura:

Cuando los soldados romanos azotaban la espalda de la víctima con todas sus fuerzas, las bolas de hierro provocaban profundas contusiones, y las correas de cuero con huesos de oveja rompían la piel y los tejidos subcutáneos. Luego, a medida que seguían los azotes, los cortes desgarraban los músculos y producían colgajos de carne sangrante. El dolor y la pérdida de sangre preparaban el terreno para el *shock* circulatorio. La cantidad de sangre perdida determinaba cuánto podía sobrevivir la víctima en la cruz.

El severo castigo con el consiguiente e intenso dolor y considerable pérdida de sangre, probablemente dejaron a Jesús en un estado de *pre-shock*. Además, la hematidrosis le había dejado la piel sumamente sensible. El abuso mental y físico impuesto por los judíos y los romanos, sumado a la falta de alimento, agua y sueño también contribuyeron a su estado general de debilidad. En consecuencia, incluso antes de la crucifixión misma, la condición física de Jesús era grave, posiblemente crítica.[1]

Se sujetaba a la víctima al poste y al travesaño de madera por medio de largos clavos de metal clavados en las muñecas y los pies. No era raro que la persona quedara colgada allí durante muchas horas, incluso días, antes de morir. La crucifixión no era solo un medio para matar a alguien sino que estaba diseñada para torturar hasta la muerte.

Para respirar, la víctima debía levantar el cuerpo usando los pies como apoyo, flexionando los codos y provocando la aducción de los hombros. Esta maniobra ponía todo el peso del cuerpo en la zona tarsal y producía a la víctima un dolor insoportable. Más aún, la flexión de los codos provocaba la rotación de las muñecas sobre los clavos, movimiento que causaba un terrible dolor en los nervios dañados. Sostener en vilo el cuerpo también raspaba la espalda azotada contra el áspero poste de madera, lo que provocaba intenso dolor. Los calambres musculares y la parestesia de los brazos extendidos y elevados agregaban incomodidad. En consecuencia, cada esfuerzo respiratorio se volvía algo insufrible y sumamente agotador que llevaba a la asfixia.[2]

El informe finaliza esta descripción de la crucifixión de la siguiente manera:

La causa real de la muerte por crucifixión era multifactorial y podía variar en cada caso. Sin embargo, es probable que las dos causas principales fueran el *shock* hipovolémico y la asfixia por agotamiento. Otros factores que podrían haber contribuido eran la deshidratación, las arritmias inducidas por el estrés y la insuficiencia cardíaca congestiva, con la rápida acumulación de líquidos pericardiales y tal vez pleurales. Si se lleva a cabo la "crucifractura" (quebradura de las piernas por debajo de las rodillas) se provoca la muerte por asfixia en pocos minutos. La muerte por crucifixión equivalía a un sufrimiento atroz.[3] En pocas palabras, esto implica que a pesar de todo el dolor de ser azotado, golpeado y atravesado por clavos de hierro, la causa de muerte de Jesús fue la asfixia y una posible insuficiencia cardíaca congestiva. Con frecuencia me pregunto qué pensamientos pasaban por la mente de Jesús mientras colgaba de la cruz. Sometido a un dolor insoportable, podría haber llamado a millones de ángeles para que arrasaran con sus enemigos, incluso con todo el mundo. Sin embargo, no lo hizo. No lo hizo por su inimaginable amor por ti y por mí.

Jesús soportó sobre sí la ira de Dios

Por primera y única vez en toda la eternidad, el Padre le dio la espalda al Hijo, y este soportó la ira de Dios en la cruz. Recuerda que el Dios tri-uno ha existido desde siempre en perfecta armonía como tres personas iguales pero bien diferenciadas. La relación entre ellas se caracteriza por un amor extraordinario y un compromiso único.

Sin embargo, en ese fatídico momento de la historia de la humanidad, el Padre tomó el pecado de todo el mundo y lo puso sobre Jesús. Dios el Padre cargó sobre el Hijo puro y perfecto todas las malas palabras, todos los pensamientos perversos, los asesinatos, las violaciones, las fantasías lujuriosas, todas las acciones perversas y malignas, y luego lo castigó como si Jesús lo hubiera cometido. El Señor soportó el peso del pecado y tomó el lugar de miles de millones de personas que han vivido en esta tierra y se hizo cargo de las incontables transgresiones de dichas personas.

Esa fue la verdadera tortura de la cruz. Jesús no solo murió una muerte dolorosa sino que además cargó con el pecado y el castigo de cada ser humano, y esto lo separó por un tiempo de su Padre Dios.

Por eso Jesús exclamó, angustiado: "Dios mío, Dios mío, ¿por qué me has desamparado?" (Marcos 15:34). Fue el momento más oscuro de su vida, cuando literalmente experimentó el infierno en tu lugar, en el mío y en el de toda la humanidad. Hasta los cielos se oscurecieron en esas horas. ¿Cómo podía haber luz en el cielo cuando una oscuridad tan angustiosa oprimía al Hijo de Dios en la cruz?

Jesús era el único hombre que podía pagar el precio de nuestro pecado. (Ver Romanos 3:25–26.)

¿Qué hubiera ocurrido con la humanidad si Jesús no hubiera pagado ese precio? La respuesta es simple: terminada esta vida hubiéramos pasado directamente al infierno, el lugar para aquellos que quieren pagar por sí mismos el castigo por sus pecados, y les llevará toda la eternidad hacerlo. En cambio, el cielo es el lugar para quienes aceptan la obra de Cristo en la cruz, donde pagó por el pecado de la humanidad. Ten en cuenta que quienes van al cielo no son mejores que los que van al infierno. La única diferencia es que unos han elegido aceptar a Cristo y su perdón, mientras que los otros no lo han hecho. A los ojos de Dios, el pecado merece el castigo eterno.

La obra de Cristo se completó en la cruz

En Juan 19:30 leemos que una de las últimas afirmaciones de Jesús mientras estaba en la cruz fue: "Todo se ha cumplido". Esto significa algo más que el fin de la vida de Jesús o de su sufrimiento físico. La antigua palabra griega que usó Jesús tiene un profundo significado.

Su traducción literal es "completamente pago". ¡Lo que Jesús exclamó momentos antes de morir fue un grito de victoria! Lo había logrado, tal como lo había predicho. (Ver Marcos 10:45.)

Había pagado la *totalidad* del precio. Nunca más tendría que volver a soportar la cruz y su vergüenza. Había cumplido la misión por la que había venido al mundo: rescatar a la humanidad del pecado derramando su sangre preciosa.

Jamás debemos tomar a la ligera el sacrificio de la cruz.

Tulio era un joven que profesaba ser cristiano. Había llevado a muchos amigos a las reuniones de jóvenes a lo largo de los años, y parecía disfrutar de su relación con el Señor.

Sin embargo Tulio tenía un enorme deseo de que alguien lo necesitara y lo amara. Por eso se había vuelto sumamente posesivo de su mejor amigo, Miguel. Se ponía celoso cuando Miguel se acercaba a otros, y entonces lo llamaba por teléfono, furioso. Tulio tenía una gran inseguridad.

La noche que se graduaron de la escuela secundaria, Tulio decidió festejar en un bar gay. Mientras estaba sentado en la barra, se le acercó un joven que comenzó a darle el tipo de atención que siempre había esperado de su amigo Miguel. A Tulio le cayó bien esa atención y no pasó mucho tiempo antes de que se encontrara envuelto en una relación inmoral con su nuevo amigo, Daniel.

Cuando Miguel supo lo que ocurría, buscó a Tulio y lo confrontó con su pecado. Tulio se puso a la defensiva.

—Miguel, por primera vez en mi vida me siento a gusto. Por mucho tiempo no estuve cómodo en ningún lugar, en cambio ahora me siento amado y comprendido. He tenido esta tendencia homosexual desde hace varios años y le supliqué a Dios que me la quitara. Nunca respondió a mis oraciones, de manera que creo que no debo importarle mucho.

Miguel comprendió que Tulio estaba dando la espalda a Cristo al adoptar un estilo de vida donde Dios no tenía cabida. Solo el tiempo diría si Tulio había conocido verdaderamente a Cristo. Por el momento, era evidente que estaba dándole la espalda al sacrificio que el Hijo de Dios había hecho por él.

Debate en pequeños grupos

1. Si Cristo no hubiera ido a la cruz para pagar por tus pecados, ¿crees que aun así podrías recibir el perdón de Dios?

2. ¿Por qué causa una persona da la espalda a la obra de Cristo en la cruz? ¿Cómo ve Dios ese acto de rebeldía?

La resurrección

Laura era una típica estudiante de la escuela secundaria. Amaba a su madre, pero en algunas ocasiones se sentía incómoda de ir a ciertos lugares con ella. Lo que molestaba a Laura eran las llamativas cicatrices en las manos de su madre. Su madre nunca le había contado por qué tenía las manos así, pero a Laura le parecían horribles. Miraba las manos de las madres de sus amigas, manos cuidadas y bien femeninas, por eso se sentía incómoda cuando estaba en público con su mamá. Una tarde esta invitó a Laura a ir de compras a una tienda. Primero Laura dijo que estaba ocupada, luego le sugirió a su madre que le diera el dinero para que ella fuera por su cuenta. Su madre se sintió dolida.

—Laura —le dijo con dulzura—, ¿por qué ya no quieres salir conmigo? ¿Pasa algo?

La muchacha respiró hondo.

—Bueno, te diré la verdad. Son tus manos; me hacen sentir incómoda. Te quiero, mamá, pero tengo miedo de que vean tus cicatrices y piensen que somos raros.

—Laura, querida, sé que nunca te he contado por qué tengo las manos así y creo que ahora es un buen momento para hacerlo.

La madre parecía tener la mirada distante mientras dejaba aflorar esos momentos traumáticos ocurridos años atrás.

—Cuando eras bebé, una tarde te subí a tu cuarto y te acosté en la cuna para que durmieras la siesta. Por alguna razón el calefactor de la habitación contigua comenzó a arder y el fuego se extendió con rapidez. Subí volando hasta donde estabas pero cuando quise regresar a las escaleras, el fuego me cerraba el paso. Lo único que podía hacer era estrecharte contra mi pecho y pasar por el fuego. Te protegí lo mejor que pude con mis brazos y mis manos. Aunque sufrí graves quemaduras, lo importante fue que no te pasó nada. Es por eso que tengo las manos así. ¿Sabes una cosa, querida? De ser necesario lo volvería a hacer.

Los ojos de Laura se llenaron de lágrimas. Tomó las manos de su madre, las acercó a sus labios y comenzó a besar las cicatrices una y otra vez. Eran las manos que la habían salvado.

—Lo siento, mamá, lo siento mucho —dijo entre lágrimas. Las manos que antes despreciaba ahora significaban todo para ella.

De manera similar, las manos de Cristo llevan cicatrices que nos beneficiaron.

Nuestra esperanza de vida eterna se basa en que Jesucristo murió, fue sepultado y resucitó de entre los muertos. Sin la resurrección, no nos serviría de nada el cristianismo, la Biblia, ni relación alguna con Dios. La resurrección es la base de nuestra nueva vida en Cristo.

La secuencia de la resurrección

Después que bajaron de la cruz el cuerpo sin vida de Jesús y lo colocaron en la fría tumba de piedra, sus enemigos convencieron a Pilato (el gobernante que había ordenado la crucifixión) para que pusiera guardias a la entrada de la tumba. Sabían que Jesús había prometido resucitar y, aunque no le creían, temían que los discípulos robaran el cuerpo. Para ellos, la tumba vacía significaría un desastre político.

El pasaje de Mateo 27:66 relata: "Así que ellos fueron, cerraron el sepulcro con una piedra, y lo sellaron; y dejaron puesta la guardia". Sabemos por la historia que no era cualquier guardia; eran soldados romanos, cada uno de los cuales era como una feroz máquina de guerra. Protegerían la tumba con su propia vida, porque cualquier soldado romano al que se encontrara dormido en cumplimiento del deber era condenado a muerte.

El sello de la tumba puede haber sido una cuerda que se cruzaba sobre la piedra y luego se aseguraba con cera en los extremos. El sello representaba la autoridad y el poder de Roma. Nadie osaría desafiar semejante despliegue de seguridad. El equivalente moderno podría ser los Boinas Verdes, bien armados y apostados en un punto importante de avanzada.

Además, la roca que cubría la entrada era sumamente pesada. Nadie podría moverla sin ayuda. Eso significa que Jesús, de seguir vivo, no podría haberse despertado dentro de la tumba y haber movido la piedra.

Ahora tenemos el cuadro completo: un hombre muerto al que bajan de la cruz, al que amortajan de pies a cabeza y colocan en una cueva de piedra, encerrándolo con una enorme roca en la entrada. Para completar, se instala en la entrada un grupo de guardias romanos bien entrenados, para asegurar que nadie entre ni salga.

Para quienes observaban la escena, era un exceso. ¡Ese cuerpo no podía ir a ninguna parte! Al menos eso parecía...

¡Él vive!

La humanidad no puede esconder la verdad de que Jesús está vivo. Gobiernos enteros han tratado de extinguir la verdad persiguiendo a quienes creen en Jesús pero, para su desaliento, siempre resurge. Es imposible esconder la verdad sobre la resurrección.

Pilato pensó que podría retener a Jesús en la tumba, pero no existe poder alguno capaz de impedir que Jesús se levantara de entre los muertos. Aunque todos los ejércitos del mundo hubieran rodeado la tumba de Jesús, hubiera sido imposible retenerlo.

¿Es posible la resurrección?

Hay muchos que niegan la resurrección de Jesucristo porque, según su parecer, no tiene sentido. "Nadie puede resucitar de la tumba. Desde el punto de vista científico, es imposible", afirman.

Sin embargo la Biblia sostiene lo contrario: era imposible que Jesús permaneciera en la tumba. Dios lo predijo muchas veces en el Antiguo Testamento. Y cuando Dios dice que algo ocurrirá, siempre ocurre.

Lee el Salmo 16:10 en el Antiguo Testamento. El rey David escribió ese salmo, pero todos sabemos que sus huesos siguen en la tumba, de modo que no se refería a sí mismo. Este salmo se refiere a Jesús, y predice la resurrección de Cristo más de 1000 años antes de que ocurriera.

Imagina lo que sentirías tú si hubieras estado presente en la tumba en ese tercer día. (Ver Mateo 28:1–8.) Ningún enemigo podía derrotar a Jesucristo: ni la muerte, ni la tumba, ni el mismo Satanás. Ningún guardia romano, ningún líder religioso, nada podía impedir que Cristo resucitara de la muerte. Jesús derribó la fortaleza de la muerte y se convirtió en el "primogénito de la resurrección" (Colosenses 1:18).

Mario era un niño lleno de vida y energía. Su deporte predilecto era el básquet, por lo que vivía con una pelota en las manos y la hacía rebotar por donde iba. Con frecuencia acompañaba a sus hermanas hasta el negocio de la esquina, y mientras caminaban y conversaban, Mario siempre iba haciendo rebotar la pelota de manera mecánica con una mano.

Así fue como ocurrió el trágico accidente. Una tarde de otoño, de regreso de su caminata hasta la esquina, Mario perdió el control de la pelota y esta rodó a la calle. Sin pensarlo, Mario se precipitó tras ella y fue embestido de manera imprevista por un vehículo que pasaba a toda velocidad.

El niño quedó tendido en el asfalto, agonizando. Sus hermanas gritaban con desesperación mientras corrían a buscar a su madre. Cuando esta vino, lo sostuvo en sus temblorosos brazos, mientras suplicaba a Dios que no se llevara a su hijo. Cuando llegó la ambulancia se aferró a la esperanza de que su hijo se recuperara.

En el hospital los médicos hicieron todo lo posible por salvar al pequeño Mario, pero era evidente que no viviría. Esa noche la madre tomó la decisión más difícil de su vida: firmó la autorización para que lo desconectaran de la máquina que lo mantenía con vida.

Mientras Mario yacía muriéndose, lo sostuvo una vez más en los brazos hasta su último aliento. La madre sintió que el niño iba perdiendo el calor de su cuerpo. El momento más difícil fue cuando tuvo que dejar la habitación donde yacía el cuerpo rígido del niño. Mario, su pequeño hijo, estaba muerto.

Ese no es el final de la historia. El mejor amigo de Mario, Juan, compartió con la familia de su amigo algo que les dio esperanza. Juan contó que en una oportunidad Mario había asistido a la iglesia con él y su familia. Esa noche Mario había oído por primera vez la historia de Jesús. Cuando regresaban a la casa, le dijo a Juan que quería aceptar a Cristo en su vida y oraron allí mismo, en el automóvil.

Mario había tomado una decisión que afectaría su vida por toda la eternidad. Por haber recibido a ese mismo Jesús que había regresado a la vida después de la muerte, Mario también se levantaría de la muerte al final de esta vida. En el triste funeral, bajaron el cuerpo de Mario a la tierra. Sin embargo Mario no estaba allí; estaba con Jesús en el cielo, para siempre.

Mario está vivo porque Jesús vive. La resurrección de Jesús abolió el dominio de la muerte sobre la humanidad. Quienes aceptan a Cristo resucitarán una vez que se acabe esta breve vida.

¿Y si Jesús no se hubiera levantado de la tumba?

Como hemos dicho, la resurrección de Cristo es fundamental en el mensaje de la Biblia. Si eliminamos la resurrección, eliminamos la esencia del cristianismo.

Lee 1 Corintios 15:17–19. Si no hubo resurrección, entonces:

* No tenemos esperanza de resurrección después de esta vida
* Jesús fue solo un buen maestro y no el Hijo de Dios
* Al morir, iríamos directamente al infierno
* Satanás hubiera ganado la batalla por las almas humanas
* No existiría la iglesia
* No habría perdón de pecados
* Jesús no sería mejor que cualquier otro líder religioso de la antigüedad ya fallecido, como Buda o Mahoma.

Sin la resurrección carecemos del poder de la resurrección. (Ver Gálatas 2:20.) Esto significa que es imposible vivir la vida cristiana por nuestras propias fuerzas. Se nos da "el poder de la resurrección", por medio del cual vivimos. Lee Romanos 6:4.

Bruno había permanecido fiel a Cristo durante un largo tiempo. Su mayor deseo era obedecer a Cristo y hablar con otros de Él. Sin embargo ese deseo fue puesto a prueba un día, mientras caminaba por una calle de la ciudad y pasó frente a unos hombres de aspecto recio que estaban sentados en un banco del parque.

Sintió que el Señor le ordenaba volverse y hablarles de Cristo. ¿Qué?, pensó. *No puedes ser tú, Señor, el que me está pidiendo que hable con esos sujetos. Tienen aspecto peligroso. Además ¿qué les voy a decir?*

Bruno siguió caminando, pero la insistente sensación de que debía volverse y hablarles aumentó. Se le aceleró el pulso y le temblaban las rodillas mientras volvía donde estaban los hombres. "¿Qué les diré?", oró a Dios en voz alta.

Cuando estuvo cerca se detuvo y titubeó por un momento hasta que ellos dejaron de conversar para mirarlo. Los tres tenían señales de llevar una vida dura: los ojos hundidos, el rostro arrugado y marcas de aguja en los brazos. Bruno se dio cuenta de que habían pasado buena parte de su vida en la calle.

—Miren, señores, este... no quisiera molestarlos, pero... bueno, solo quería decirles que Jesús vive y los ama.

Bruno se estremeció preparándose para el rechazo, o peor aún, para recibir una bofetada en la cara.

—¿Lo dices en serio? —preguntó uno de los hombres—. Si tan solo fuera verdad... —su voz se entrecortó, como no atreviéndose a terminar la frase.

—Hombre, no puedo creer lo que estás diciendo —intervino el otro—. Casualmente estábamos sentados aquí, los tres, quejándonos de lo mucho que odiamos nuestra vida. ¿Qué quieres decir con eso de que Jesús nos ama? —el hombre continuó hablando y explicó la clase de vida que llevaban: uno de ellos se prostituía con otros hombres, el otro era drogadicto y el tercero, alcohólico.

Bruno pasó la siguiente hora sentado con ellos en el banco del parque donde les explicó a partir de la Biblia las buenas nuevas del evangelio. Les hizo saber que no importaba qué hubieran hecho; Dios los perdonaría si se lo pedían. Aunque ese día no tomaron decisiones por Cristo, los tres hombres prestaron mucha atención a lo que Bruno decía, y cuando se fue le agradecieron porque les había hablado de Jesús. La clave de este relato es que Bruno tenía un mensaje para compartir que puede cambiar vidas: ¡Jesús vive!

Recuerda que has sido comprado por un alto precio: la sangre preciosa de Jesucristo. El que Jesús se haya levantado de la muerte te da la esperanza de tener el poder de la resurrección en esta vida y la resurrección a la vida eterna después de la muerte.

Debate en pequeños grupos

1. Aunque sigas a Cristo, describe una ocasión en que te hayas sentido incómodo de admitir que eras cristiano.

2. Teniendo en cuenta la resurrección de Cristo, ¿conoces a alguien que esté hoy en la presencia de Dios gracias a que Jesús vive?

3. Lee Gálatas 2:20. Las personas que te rodean en la escuela, el trabajo o en casa, ¿notan alguna diferencia en tu vida a causa de que el Cristo resucitado vive en ti? Si no es así, ¿a qué se debe?

La eternidad

Durante trece años Raquel alegró este mundo con su luminosa y permanente sonrisa. Su personalidad optimista parecía hacer que el sol brillara más, incluso en los días grises y nublados. Era una adolescente llena de energía y estaba a punto de madurar para convertirse en una joven virtuosa, llena de belleza y con un futuro promisorio.

Raquel no solo era encantadora, sino que también tenía un buen estado físico y disfrutaba de los deportes. Se destacaba en voleibol y atletismo en pista, y era la joya más apreciada de cualquier entrenador, no solo por su habilidad para jugar sino además por su actitud positiva.

Raquel tenía una excelente relación con sus padres. Su madre disfrutaba de ella de una manera indescriptible, y a ambas les gustaba salir de compras y conversar siempre que podían. El padre de Raquel era un hombre muy varonil que cuando llegaba del trabajo levantaba a su hija por los aires y la estrechaba en un fuerte abrazo. Era un estudioso de la Biblia que disfrutaba enseñándola, y le gustaba incorporar a su hija en conversaciones sobre las Escrituras. En ocasiones hablaban durante horas, y el padre disfrutaba sobremanera al ver cómo su hija respondía a las verdades bíblicas.

Los domingos iban a la iglesia y se sentaban juntos en el culto de adoración. Raquel prestaba atención y se concentraba en el sermón del pastor. En el momento de la adoración, sus padres sonreían al observarla de reojo. Raquel realmente estaba aprendiendo a adorar a su Padre celestial, y eso les producía mucho gozo.

Esta familia no sabía que Raquel estaba siendo preparada para una celebración, pero

CAPÍTULO 19

no precisamente un festejo deportivo ni escolar. Sería la celebración de bienvenida a la eternidad, el momento en que Raquel se encontraría cara a cara con su Salvador.

Ocurrió mientras Raquel practicaba en las pistas de atletismo después de clase, un soleado día de primavera. Mientras corría, sintió que su corazón comenzó a latir con fuerza y se aceleraba. Ya le había ocurrido otras veces. Se detuvo y se sentó al borde de la pista hasta que cesara la agitación. Después de unos minutos se sintió mejor, de manera que se levantó y comenzó a correr de nuevo. Esta vez la agitación volvió acompañada de un fuerte dolor. Raquel dijo que no se sentía bien y se sentó con una amiga por un momento, antes de caer con suavidad sobre la pista.

Ese fue el día en que la pérdida de la familia se convirtió en una ganancia para el cielo. El personal de la ambulancia hizo lo que pudo por mantenerla viva camino al hospital, pero sin éxito. El 8 de abril del 2000, a las 4:52 de la tarde, Raquel se fue al hogar celestial.

Durante los días y las semanas siguientes, en la escuela de Raquel no podían salir de su asombro. Sus amigas se preguntaban llenas de dolor: "¿Cómo pudo ocurrirle eso a Raquel?" "Estaba tan bien; no puede haberse ido".

Mientras los amigos y los profesores trataban de asumir la tragedia, el Señor usó el testimonio de Raquel para que pudieran escuchar el evangelio. Los estudiantes se reunían espontáneamente en los corredores para orar. Muchos alumnos que nunca antes habían tenido interés en Dios, comenzaron a hacerse preguntas sobre su destino eterno.

Un día, diez de sus compañeras colocaron flores al pie de una valla en la pista de atletismo, en el lugar exacto donde Raquel había fallecido. Comenzaron a orar, y en poco tiempo se reunieron cientos de estudiantes, todos cabizbajos y en silencio. Un joven comenzó a hablar del evangelio con los estudiantes. Cuando terminó, preguntó si alguno quería recibir a Cristo. Fue asombroso ver que muchos alumnos oraron para recibir a Cristo allí mismo, en medio de la pista.

Dios usó la muerte de Raquel para llevar a muchas personas a Jesús. Mientras estuvo con nosotros, su vida fue un fiel testimonio del Señor. En su muerte, Dios la usó de una manera más poderosa de lo que podríamos haber imaginado.

La certeza de la muerte

Dedica un momento a leer Eclesiastés 8:8. Raquel no sabía el día ni la hora en que sería llamada a su hogar celestial. Nosotros tampoco sabemos la nuestra. Es fácil olvidar que la muerte existe, en especial cuando uno es joven. Tal vez nos parezca que si ignoramos la muerte, entonces esta nos dejará tranquilos.

Sin embargo, la Biblia nos invita a recordar que nuestros días en esta vida están contados. En lugar de animarnos a ignorar la muerte y la eternidad, nos dice que solo quienes ponen la mira en la eternidad son capaces de vivir esta vida de la manera que agrada a Dios. (Ver Salmo 90:10,12.)

Los padres de Raquel piensan mucho en el cielo en estos días. Solían hacerlo en forma teórica o distante, pero ahora piensan en el cielo cada vez que recuerdan a su querida hija. La mamá espera con ansias el día en que ella y Raquel vuelvan a pasear juntas y a tener largas conversaciones, igual que antes. El papá está ansioso por tomarla en sus brazos y estrecharla con fuerza.

Ese será un día increíblemente maravilloso.

La esperanza del cielo

El cielo es donde Dios tiene su trono. Isaías 66:1 dice:

"El cielo es mi trono,
y la tierra el estrado de mis pies.
¿Qué casa me pueden construir?
¿Qué morada me pueden ofrecer?"

En este momento el Señor está preparando nuestro hogar en el cielo. En Juan 14:2 Jesús dijo a sus discípulos: "En el hogar de mi padre hay muchas viviendas; si no fuera así, ya se lo habría dicho a ustedes. Voy a prepararles un lugar".

La Biblia no nos dice todo sobre el cielo (probablemente porque nos estallaría la cabeza), pero sí nos dice que el cielo será un lugar de increíble belleza, paz y gozo perfecto. En el cielo no habrá sufrimiento ni dolor.

Piensa en eso. Jesús dijo que dejaba esta tierra con el propósito de preparar un lugar para nosotros. Me pregunto cómo será ese hogar. En comparación, la mejor mansión de esta tierra parecerá la casilla del perro. Y créeme, ¡el cielo no será aburrido! No nos vamos a pasar el día sentados en las nubes ni vamos a tocar el arpa por la eternidad. Sin duda el cielo será un lugar de servicio gozoso a nuestro Rey y Señor, Jesucristo.

El cielo, un lugar de recompensa
Quienes han sido fieles al "invertir en la eternidad" recibirán una recompensa adecuada, mientras que aquellos cristianos que hayan malgastado su vida de manera egoísta, no la tendrán. Lee 2 Corintios 5:10 y Romanos 14:10–12. ¡Esto nos hace pensar! Dios conoce cada palabra que hemos dicho y cada pensamiento que hemos acariciado. Para Dios no hay secretos. Un día estaremos frente a Él y seremos recompensados por nuestra fidelidad o perderemos la recompensa por no haber sido fieles. (Ver Hebreos 4:13.)
Cuanto mayor sea tu renuncia a cosas terrenales a fin de seguir a Jesucristo, mayor será tu recompensa en el cielo. En realidad, si has sido perseguido aquí en la tierra por amor a Jesús, Dios dice que llegará el momento en que te regocijarás porque te espera "una gran recompensa en el cielo" (Mateo 5:11–12.)

El cielo, nuestro verdadero hogar
¿Por qué debemos pensar en el cielo, cuando parece tan distante? Porque la forma en que vivamos esta vida determina cómo pasaremos la eternidad. Veamos algunas verdades acerca del cielo.
Primero, allí habrá adoración. Vislumbramos esa adoración cuando leemos el libro de Apocalipsis. (Ver Apocalipsis 7:9–10.) Jesús será levantado y exaltado en el cielo, al igual que toda la Trinidad. Adorar en la presencia de Dios será una experiencia indescriptible. Las melodías serán las más hermosas, canciones que jamás hemos oído ni podemos imaginar. Nadie será desentonado ni cantará fuera de ritmo. No solo cantaremos como un gran pueblo, sino que también los ángeles se nos unirán y alzarán sus voces. Jamás nos cansaremos de cantar alabanzas a nuestro Dios.

Segundo, pasaremos toda la eternidad aprendiendo acerca de Dios. Dios es como ningún otro ser en el vasto universo: es infinito. Eso significa que aprenderemos de Él, luego aprenderemos algo más, y después otra cosa y otra más. Y así será por toda la eternidad.

Tercero, el cielo es un lugar de maravillosos encuentros. Cuando Raquel fue a estar con el Señor, se reunió con millones de personas que habían partido antes que ella. (Ver Hebreos 11:40.)

La Biblia dice que al morir vamos directamente a estar con Cristo. Lo sabemos gracias a los escritos de Pablo en pasajes como Filipenses 1:23 y 2 Corintios 5:8.

Cuando mueras, podrás pensar y recordar. No entrarás a un estado inconsciente ni a un lugar de espera. Más bien, pasarás a la presencia misma de Dios. Tal vez puedas observar lo que está pasando aquí en la tierra. ¿Podrás acaso observar tu propio funeral? En realidad no lo sabemos. Si pudiéramos hacerlo, con seguridad lo veríamos de una manera muy distinta a la que vemos desde la tierra. Tal vez verás el dolor, pero estarás lleno de gozo.

Si el cielo parece distante como para ser real, te invito a hacer caso a la advertencia bíblica. En Judas 21 dice lo siguiente: "Manténganse en el amor de Dios… mientras esperan que nuestro Señor Jesucristo, en su misericordia, les conceda vida eterna".

No sabemos exactamente cómo será el cielo. Pero sí sabemos que Dios cumple sus promesas, y Él ha prometido que el cielo será un lugar de gozo indecible y de encanto inimaginable. Pablo dice en 1 Corintios 2:9:

Como está escrito:

"NINGÚN OJO HA VISTO,

NINGÚN OÍDO HA ESCUCHADO,

NINGUNA MENTE HUMANA HA CONCEBIDO

LO QUE DIOS HA PREPARADO PARA QUIENES LO AMAN".

Lo opuesto al cielo

No podemos hablar del cielo y la eternidad sin reconocer la realidad del infierno. Aun cuando mucha gente opta por no creer en su existencia, la Biblia es clara en cuanto a que el infierno existe. Muchos pasarán la eternidad confinados a la soledad y al sufrimiento del infierno.

Tal vez oíste hablar de alguien llamado Anton Levey. Este hombre se consideraba el sumo sacerdote del satanismo aquí en la tierra, e incluso escribió un libro llamado *La Biblia de Satanás*, un manual sobre cómo adorar a Satanás.

Un pastor de jóvenes llamado Darío entró a comprar en una librería en California. Al ingresar al negocio, percibió algo extraño. Miró a su alrededor para ver qué podía ser, y cuando dirigió la vista hacia la otra entrada del negocio vio que ingresaba un hombre todo vestido de negro. Darío lo reconoció; era Anton Levey.

Darío siguió adelante con su compra, pero la sensación tenebrosa aumentaba. En determinado momento sintió que lo miraban. Se dio vuelta y allí estaba Levey, enfrentándolo con una mirada diabólica. Darío sabía que ese hombre se había entregado al diablo y él no quería mezclarse con los poderes de la oscuridad, de modo que salió rápidamente del local. Es probable que eso haya sido lo más sabio en ese momento.

Con el tiempo, Anton Levey falleció. Si es cierto que jamás aceptó a Cristo, uno puede llegar a imaginarse qué clase de eternidad pasará en la presencia de Satanás. La maldad y las tinieblas en las que se sumergió durante su existencia en la tierra lo rodearán por completo. Levey ya está experimentando la absoluta oscuridad y la total separación de Dios por toda la eternidad.

El infierno es un lugar creado originalmente para Satanás y los ángeles que se le unieron en la rebelión contra Dios. En Mateo 25:41 dice: "Luego dirá a los que estén a su izquierda: 'Apártense de mí, malditos, al fuego eterno preparado para el diablo y sus ángeles'".

El deseo de Dios nunca fue que la gente fuera al infierno sino que creó a la humanidad para que habitara con Él en el cielo para siempre. Cuando el hombre pecó contra Dios, la justicia divina exigió que ese pecado fuera castigado. Y sabemos por la Biblia que "la paga del pecado es muerte" (Romanos 6:23).

El infierno es un lugar de muerte, donde las personas experimentan la pérdida de toda relación con Dios, la muerte de toda felicidad que hubieran podido tener y la muerte de cualquier futura satisfacción. No hay una segunda oportunidad; es un lugar de carácter definitivo.

La Biblia también dice que el infierno es para toda la eternidad. Lee Apocalipsis 19:3 e Isaías 66:24. Estos son apenas dos pasajes de la Biblia que nos informan que el infierno es para siempre. No es un lugar donde uno puede sentarse a tomar café con sus compañeros y recordar viejos tiempos. Sabemos que en el infierno habrá oscuridad, sufrimiento y completa desolación. Es un lugar de donde Dios quitará toda cosa buena. Sin embargo no será igual para todos los que estén allí. Como el cielo, se experimentará en mayor o menor medida según sea la recompensa. Apocalipsis 20:12–15 describe de qué manera las personas recibirán diversos grados de juicio de acuerdo a las obras que hicieron:

Vi también a los muertos, grandes y pequeños, de pie delante del trono. Se abrieron unos libros, y luego otro, que es el libro de la vida. Los muertos fueron juzgados según lo que habían hecho, conforme a lo que estaba escrito en los libros. El mar devolvió sus muertos; la muerte y el infierno devolvieron los suyos; y cada uno fue juzgado según lo que había hecho. La muerte y el infierno fueron arrojados al lago de fuego. Este lago de fuego es la muerte segunda. Aquel cuyo nombre no estaba escrito en el libro de la vida era arrojado al lago de fuego.

Aquellos que mueren sin haber recibido a Jesús como Salvador y Señor recibirán un castigo justo de parte de Dios. La Biblia dice que Dios no se complace en castigar a nadie (Ezequiel 33:11), sino que quiere que todos alcancen la vida eterna. La realidad, sin embargo, es que Dios ha dado a hombres y mujeres libertad de elección. C. S. Lewis lo expresa como sigue: "Al final hay solo dos tipos de personas: las que le dicen a Dios 'Que se haga tu voluntad', y aquellas a las que Dios dice, al final: 'Que se haga tu voluntad'. Los que están en el infierno eligieron esto último".[1]

Haz todo lo que puedas por hablar a otros acerca de Cristo y de la realidad de su amor por ellos. Al hacerlo, estarás siguiendo el consejo de Judas 23: "A otros, sálvenlos arrebatándolos del fuego". No hay nada mejor que puedas hacer por un amigo.

Debate en pequeños grupos

1. Explica lo que crees con relación a la eternidad. ¿Cómo sabes con seguridad que pasarás la eternidad con Jesús?

2. ¿Conoces a alguien que ya esté en el cielo? ¿Qué piensas que estará haciendo en este momento? ¿Qué elección hizo esa persona para estar en el cielo?

3. ¿Por qué crees que algunos de tus amigos niegan la existencia del infierno?

4. ¿Conoces a alguien que probablemente esté ahora en el infierno?

PARTE 4
La experiencia con Dios

La influencia de los amigos

Boris era una persona especial. Amaba los deportes y los deportes lo amaban a él. Era el atleta más destacado de la escuela secundaria, y siempre era el jugador clave del equipo en que participara. Sus proezas atléticas llamaban la atención tanto de los entrenadores como de sus admiradores.

Es por eso que su repentina caída tomó a todos por sorpresa. Boris nunca había sido un joven pendenciero, pero comenzó a frecuentar cada vez más el tipo de muchachos de los que antes se mantenía alejado, muchachos a los que no les importaba romper las reglas y a los que les gustaba jactarse de los problemas que podían provocar. No pasó mucho tiempo antes que Boris comenzara a imitarlos.

Las cosas tocaron fondo la mañana en que Boris llegó a la escuela alcoholizado. La cabeza le giraba como un trompo y tenía el estómago revuelto. En ese estado se encontró frente a frente con el vicedirector que, para peor, encontró drogas en los bolsillos de Boris. En pocos minutos llamaron al entrenador de básquet, y sin más trámites Boris fue expulsado del equipo.

Al muchacho le tomó varias horas volver a estar sobrio, y varios días más hasta comprender lo absurdo de sus actos.

"¿Por qué hice algo tan estúpido?", se preguntaba. "No puedo creer que haya quedado fuera del equipo. Este iba a ser mi gran año. ¿Cómo pudo pasarme esto?"

Boris comenzó a repasar algunas de las decisiones que lo habían llevado a esa situación. Pensó en los amigos que había elegido y en la vida que llevaba. Sabía que si no hacía algunos cambios nunca volvería a jugar en los equipos de la escuela, y peor todavía, terminaría tomando

CAPÍTULO 20

malas decisiones en el futuro, decisiones que podrían acarrearle graves consecuencias.

Durante este tiempo de reflexión personal lo invitaron a asistir a una reunión del grupo de jóvenes de una iglesia. No conocía demasiado bien al muchacho que lo invitó, pero como ya no tenía partidos ni prácticas por la noche, decidió ir y ver de qué se trataba.

El mensaje que escuchó dio justo en el blanco. Le pareció que el orador estaba hablándole directamente a él.

—Puedes volver a empezar —había dicho el pastor desde el frente—. Jesucristo puede limpiarte por completo. Lo único que tienes que hacer es invitarlo a tomar tu vida y pedirle que te perdone por todas las cosas que hiciste mal. Te aseguro que te hará una nueva persona.

Boris estaba preparado para un cambio. Sabía que era pecador y estaba sucio por dentro, de modo que al final del sermón no dudó en orar para invitar a Cristo a su vida. Lo curioso fue que no le importó que lo vieran pasar al frente y hablar con el pastor cuando terminó la reunión. Lo único que sabía era que se sentía perdonado. Era como si se le hubiera quitado un peso del alma.

Esa noche se acostó a dormir sintiéndose limpio y lleno de gozo. Ya no se veía sucio. De alguna manera se sentía como una nueva persona. Comenzó a pensar en algunos de los muchachos que había estado frecuentando y que podrían llegar a sentirse como él si entregaban su vida a Cristo.

Al día siguiente vio a un par de sus amigos que devoraban el almuerzo en una cafetería. Se sentó entre ambos, haciéndose lugar con los codos.

—Hola, amigos —saludó con una sonrisa—. No van a creer lo que me ocurrió anoche.

Los otros dos se miraron por un instante y uno de ellos dijo con una sonrisa estúpida:

—Sí, Boris, nos enteramos. Parece que te metiste en la religión, varón.

—Predícanos, reverendo —lo increpó el otro con sarcasmo—. Pensándolo bien, no te molestes.

—No, no te molestes —repitió el primero con la boca llena—. No creo que hagas un buen papel como chico religioso; eres demasiado parecido a nosotros.

Ambos muchachos rieron, burlándose ante la sola idea de que alguna vez terminaran siendo "fanáticos de la fe".

Boris hizo todo lo posible por mantener el contacto con sus amigos, pero por más que lo intentó, ya no se sentía cómodo con ellos. Todos los fines de semana eran iguales: beber cerveza, perseguir chicas y buscarse problemas. Boris intentó vivir como antes por un tiempo, pero siempre terminaba sintiéndose sucio.

Un día Boris prestó atención a unos chicos de su escuela que sabía que vivían para servir al Señor y comenzó a observarlos en clase, en los corredores y en el comedor. La mayoría tenía una personalidad atractiva y parecían disfrutar de la vida.

En la clase de educación física comenzó a pasar tiempo con uno de esos muchachos que iban a la iglesia. Pronto comenzó a sentarse con él y con algunos de sus amigos en el comedor. Incluso comenzó a pasar ratos con ellos los fines de semana. No tardó en observar que sus nuevos amigos lo estaban contagiando. Hablaban de Dios y él se sentía a gusto en lugar de sentirse raro. Notó que su propio vocabulario ya no era tan grosero, y a medida que se comprometía con el nuevo grupo y leía la Biblia a diario, la gente en la escuela comenzó a comentar lo mucho que Boris había cambiado.

El muchacho ahora era diferente, tanto que uno de sus viejos amigos, Ariel, comenzó a buscarlo para hacerle preguntas. Pronto Ariel empezó a asistir a la iglesia con Boris, y en poco tiempo él también entregó su vida a Cristo.

Ahora los dos estaban entusiasmados con esto de vivir para el Señor. Ya no decían cosas como: "El viernes a la noche salgamos a tomar unas cervezas y consigamos unas chicas". Ahora compartían la lectura de la Biblia y hablaban del Señor. Continuaban su amistad con el antiguo grupo de amigos, pero no les hablaban de Dios sino que llevaban una vida limpia ante ellos y predicaban con el ejemplo.

Más adelante, otro de sus viejos amigos aceptó a Cristo. Javier había observado el cambio en Ariel y en Boris, y la curiosidad lo llevó a hacerles preguntas. También él entregó su vida a Dios y ya eran tres los que disfrutaban de su relación con el Señor.

Todos estos cambios ocurrieron en pocos meses. La transformación en la vida de Boris fue evidente para todos, incluso para el entrenador de básquet. Al año siguiente le permitieron a Boris volver al equipo. Obtuvo una mención de honor, y tanto él como Ariel entraron al equipo de la universidad cuando se graduaron de la escuela secundaria.

¿Qué sostiene a un nuevo creyente y lo ayuda a mantenerse cerca del Señor? Dos cosas: comprometerse a leer la Palabra de Dios y decidir reunirse con personas que también aman a Jesús. Si Boris no hubiera decidido buscar amigos cristianos, no habría crecido en su fe y es probable que hubiera vuelto a caer.

Si eres creyente en Jesucristo pero tus amigos íntimos no lo son, posiblemente tu crecimiento espiritual se vea limitado y tal vez se interrumpa por completo. En 1 Corintios 15:33 (VP) se nos dice: "Los malos compañeros echan a perder las buenas costumbres". Eso tiene sentido cuando consideramos que los no creyentes:

* por lo general no comparten tus convicciones morales
* no pueden relacionarse contigo a nivel espiritual y
* no pueden entender que lo más importante de tu vida es Cristo.

Manuel había crecido en la iglesia pero ahora le parecía aburrida. Quería experimentar nuevas emociones, de manera que buscó algunos amigos que vivían al límite, entre el bien y el mal. Cuando comenzó a frecuentar a Tomás, los padres de Manuel le advirtieron que cometía un error. Muchas veces intentaron mantenerlos alejados, pero fue en vano.

Una tarde Manuel se encontró con Tomás y otro compañero, Marcos, para ir de paseo a una montaña de la zona. Cuando llegaron a la cima, se bajaron del auto e iniciaron una batalla con bolas de nieve. Se divirtieron jugando un buen rato, cuando de repente Tomás se enojó mucho con Marcos. Manuel sabía que Tomás era impredecible, pero esta vez estaba más enojado que nunca.

—Odio a Marcos, ¡lo voy a matar! —dijo Tomás, dirigiéndose a Manuel. Marcos no escuchó esas palabras y comenzó a acercarse a Tomás. De inmediato, este extrajo un arma de su bolsillo, apuntó a Marcos y apretó el gatillo. Marcos se desplomó, muerto.

Manuel no podía creer lo que veía. Pensó que ahora le tocaba el turno de recibir un balazo, pero Tomás le gritó:

—Rápido, cubramos el cuerpo y salgamos de aquí.

Manuel hizo lo que Tomás le ordenaba y luego regresaron a la ciudad.

Cuando Tomás lo dejó en la puerta de su casa, Manuel corrió escaleras arriba y contó a sus padres lo ocurrido. Ellos llamaron de inmediato a la policía y poco tiempo después tanto Tomás como Manuel fueron arrestados por el asesinato de Marcos. Por último, después de mucho investigar, Manuel fue declarado inocente y liberado.

De esta historia extraemos una enseñanza importante : Es fundamental que procures hacer amistad con gente que siga a Cristo.

Cuidado con los cristianos "de la última fila"

¿Qué pasa con los cristianos que dicen amar a Cristo pero con sus acciones demuestran lo contrario? ¿Es posible que una persona sea cristiana pero no lo manifieste con sus actos? Es posible, y desgraciadamente, es muy común. Ten cuidado con las amistades que no sean cristocéntricas.

Los amigos carnales no son difíciles de detectar. Las señales de advertencia son abundantes:

* Querrán acercarse al pecado lo más que puedan y justificarán cualquier cosa mala que hagan.
* Asistirán a la iglesia con una actitud despreocupada y desinteresada. Preferirán sentarse en la última fila, sin mostrar interés ni prestar atención al mensaje.
* Se burlarán y reirán de aquellos que toman su fe cristiana con seriedad.
* Se dirán cristianos pero tendrán vergüenza de seguir a Cristo.

Cómo ser un buen amigo

Tal vez la mejor manera de encontrar buenos amigos sea esforzarse por serlo. Te damos algunas ideas para mantener amistades que agraden a Dios.

* Habla de Cristo con otras personas. Disfruta haciéndolo e intenta mencionarlo de forma natural durante las conversaciones.

• Permite que tus amigos cristianos te corrijan cuando te salgas de los límites de la vida cristiana. Trata de no ponerte a la defensiva.

• No te dejes arrastrar a tu antiguo estilo de vida. Impedirá tu crecimiento en el Señor y desilusionarás a quienes te rodean.

• Sé divertido y dispuesto. Ríete, pásalo bien, y desarrolla tu sentido del humor, las habilidades naturales y los talentos que Dios te ha dado.

• Anima a tus amigos en las áreas en que se destacan.

• Ora con otros y por otros.

• Busca con tus amigos ambientes donde puedan crecer espiritualmente. Que las buenas actividades y los buenos lugares sean el centro de tu vida social y de tus relaciones.

No permitas que las malas amistades limiten tu nueva vida en Cristo. Escoge cuidadosamente a tus amigos íntimos. Asegúrate de que tus amigos te acerquen a Jesús, en lugar de alejarte de Él.

Debate en pequeños grupos

1. Piensa en alguna oportunidad en que tus amigos te llevaron a hacer una elección de la que hasta el día de hoy te arrepientes. ¿Afirmaban conocer a Cristo? ¿Qué excusas te dieron para obrar mal?

2. ¿Qué amigos tienes actualmente que estimulan tu crecimiento espiritual? ¿De qué formas te protegen? ¿Cuánto tiempo pasas con esos amigos en comparación con el que pasas con amigos equivocados?

Cómo amar a los demás

Silvia amaba al Señor. Era evidente por la forma en que vivía, por su manera de hablar y por su decisión de llegar a ser una buena mujer. Era una muchacha bonita dotada de una mente brillante y facilidad para hacer amistades. Los muchachos o bien se sentían atraídos hacia ella apenas la conocían, o se desilusionaban por su elevado sentido de la moral en lo referente a salidas y relaciones con varones.

Las otras muchachas a veces hablaban mal de Silvia en secreto, intentando perjudicar su imagen. Cuando ella se enteraba se sentía mal. Sin embargo, se mantenía firme en sus convicciones, satisfecha de concentrar su atención en amar a Dios.

Silvia también había desarrollado un gran amor hacia las personas. Su amistad con una muchacha llamada Ana era una fiel muestra de ello.

Ana era lo opuesto a Silvia en cuanto a lo social. Mientras que Silvia era bonita y daba gusto estar con ella, Ana carecía de amigos. Era poco atractiva y su escasa habilidad para relacionarse hacía difícil estar con ella. Ana se esforzaba demasiado por ser aceptada. Cada vez que alguien trataba de ser amable con ella, Ana se aferraba a esa persona como una sanguijuela, y esa actitud obsesiva espantaba a las personas.

Silvia conoció a Ana y su corazón se conmovió por ella. Se le acercó un día en la escuela y le dijo:

—Hola, Ana; soy Silvia. Te vi en el grupo de jóvenes el miércoles a la noche. ¿Te gustaría hacer un estudio bíblico conmigo?

Ana estaba atónita y a la vez entusiasmada.

—Me encantaría —respondió. Ese fue el comienzo de una provechosa amistad entre

CAPÍTULO 21

dos muchachas que aunque diferentes, eran igualmente valiosas para Dios.

Las dos jóvenes se reunieron una vez por semana durante varios meses para estudiar la Biblia y hablar de Dios. Por primera vez en su vida, Ana comprendió que Dios la amaba y que había provisto el perdón de sus pecados por medio de Jesucristo. El día que Ana inclinó la cabeza y oró para recibir a Cristo en su corazón fue maravilloso para ambas.

Ahora eran más que amigas; eran hermanas en el Señor. No obstante, las dificultades de conducta de Ana no cambiaron de la noche a la mañana. Silvia la ayudó con amabilidad a reconocer sus hábitos negativos y la manera en que trataba a la gente. Le dijo la verdad y la ayudó a poner límites en su relación. Cuando Ana se pegaba a su nueva amiga de manera excesiva, Silvia le decía:

—Ana, eres mi amiga, pero tengo muchas otras amigas también. Puedes llamarme una o dos veces por semana, pero no más.

Silvia también aconsejó a Ana sobre cómo actuar con los muchachos. Gradualmente Ana comenzó a cambiar y con el tiempo otros comenzaron a notar la diferencia y a descubrir que era más agradable estar con ella. La amistad de Silvia hizo que la vida de Ana cambiara en forma radical. Esa transformación se debió, sin duda, a que una buena amiga que amaba al Señor se le acercó con el amor de Jesús.

Aquí cabe preguntar: ¿Qué ganó Silvia con esta experiencia? Es evidente que la relación benefició a Ana, pero ¿por qué tomó Silvia la iniciativa de acercarse a una persona tan difícil? Después de todo, prestarle atención significaba un desgaste emocional, social y de tiempo. A Silvia no le pagaban por ayudar a otros; tampoco recibía una palmada de elogio de su pastor ni de quienes tenían autoridad sobre ella. ¿Por qué preocuparse y amar a las personas difíciles de querer?

La respuesta tiene que ver con el amor, con el amor de Dios.

¿Cuál es el mayor mandamiento de Dios?

Es difícil amar a personas que, por diversas razones, no resultan ni siquiera agradables. Por ejemplo, ¿qué pasa con alguien que es tu enemigo o que te desprecia sin ningún motivo? ¿Y qué de las personas necesitadas, pobres o socialmente marginadas? La Biblia dice algo interesante sobre nuestra actitud hacia ese tipo de personas. Podemos verlo con claridad en pasajes como 1 Juan 4:20–21.

Se parece a lo que Jesús dijo a un grupo de personas que estaban preocupadas por amar a Dios pero no les importaba amar a la gente. (Ver Marcos 12:28–29.)

Si tomamos la vida cristiana y la reducimos a sus elementos básicos, dos mandamientos quedarían por encima de todo: *Amar a Dios con todo nuestro ser* y *amar a los demás como a nosotros mismos.*

¿De dónde viene el amor por los demás?

Esteban y Mauro eran dos muchachos no creyentes que se detestaban. No estaban seguros de cuál era la razón, pero lo único que sabían era que cada vez que se veían en la entrada de la escuela, los invadía un deseo irrefrenable de golpearse uno al otro.

Esteban detestaba la forma en que Mauro se reía, su manera de caminar, cómo jugaba en los partidos… todo lo relacionado con él le desagradaba. Cuando Mauro levantaba la mano en clase, Esteban pensaba para sí: *¡Hasta su brazo me resulta detestable! No soporto nada que tenga que ver con él.*

Entonces ocurrió algo sorprendente. Esteban conoció a unos muchachos cristianos que comenzaron a hablarle del Señor y, con el tiempo, aceptó a Cristo. Esteban se sentía tan entusiasmado que apenas podía contenerse. Cuando llegó el momento de asistir a su primer retiro juvenil, no veía la hora de llegar al lugar y aprender más del Dios a quien ahora servía.

El día del retiro, llegó un poco retrasado a la playa de estacionamiento de la iglesia. Intentó ubicarse en uno de los vehículos de sus amigos, pero era evidente que no había lugar para él. En ese momento vio que llegaba Mauro. Esteban había oído que él también había aceptado a Cristo, y que iría al mismo retiro.

—Muchachos, tengo un lugar libre en el auto si alguien lo necesita —anunció Mauro.

Esteban hizo lo imposible por encontrar lugar entre sus compañeros. Lo intentó en tres vehículos diferentes antes de aceptar lo que era evidente: tendría que viajar con quien no deseaba. Con el ceño fruncido, Esteban tomó su equipaje y se encaminó al auto de Mauro. Sin decir una sola palabra arrojó su bolso en el asiento trasero, se sentó del lado del acompañante y cerró la puerta. Mientras Mauro salía de la playa de estacionamiento, el silencio entre ellos era insoportable. Esteban sabía que ese sería el viaje más largo de su vida.

Por un buen rato ninguno de los dos dijo una palabra. Luego, con cierto desgano, Mauro habló primero.

—Me enteré de que aceptaste a Cristo —comentó un poco tenso.

—Sí —respondió Esteban. Cuando Mauro le preguntó cómo había sido, comenzó a contarle su historia. Luego Mauro compartió la forma en que su vida había cambiado y lo maravilloso que era conocer al Señor en forma personal. Pronto estaban enfrascados de lleno en una conversación acerca de lo que Dios estaba haciendo en sus vidas. Los muros de adversidad que había entre ellos comenzaron a desmoronarse a medida que hablaban, y cuando tres horas más tarde llegaron al lugar del retiro, su relación se había restablecido. Aunque parezca increíble, estos enemigos se hicieron buenos amigos gracias al amor de Cristo.

Tal vez te preguntes cómo es posible amar a quienes más te han herido. La verdad es que no lo puedes hacer por ti mismo. Preséntale el problema a Dios. Explícale a tu Padre celestial cómo te sientes y luego pídele que te transmita su forma de mirar a aquellos que te han herido.

¿A qué se parece el amor?

El amor se puede definir de muchas maneras, pero una cosa es segura: el amor es más que una simple emoción. Aunque puede producir sentimientos, y es probable que lo haga en la mayoría de los casos, el amor divino se muestra mejor en lo que hace por el bien de aquellos a quienes Dios ama.

Prestemos especial atención a lo que dice Juan 3:16. Observa que el amor de Dios no se reduce a una emoción. Afortunadamente, su amor lo llevó a hacer algo por el bien del mundo: enviar a su Hijo a morir por nosotros. Ese es el ejemplo que debemos seguir cuando vemos personas necesitadas a nuestro alrededor.

Por ejemplo, hace algunos años una joven llamada Julia mostró el amor de Dios a un gran grupo de niños durante la temporada navideña. Julia era una muchacha callada a quien no le gustaba llamar la atención. Sin embargo, amaba a Dios y deseaba cumplir el propósito de Dios para su vida. Por eso decidió dejar de lado su postura cómoda y servir a Dios.

Una vez Dios le dio la idea de entregar regalos navideños a los niños necesitados. Organizó una feria en la escuela y, para su alegría, los estudiantes respondieron con generosidad. El proyecto creció tanto que captó la atención de los medios locales de comunicación. Para Julia esto era la confirmación de que Dios podía usarla para llegar a otras personas con su amor divino. Era evidente que Dios había motivado a la gente a preocuparse por las necesidades de sus semejantes. Si Julia no hubiera respondido al llamado de Dios, es probable que nunca hubiera ocurrido algo así.

Recuerda: según la Biblia, es imposible amar a Dios sin amar a las personas. Acércate al Padre, llénate continuamente de la Palabra de Dios y de su Espíritu. Al hacerlo, descubrirás que Dios te llenará con su amor, incluso por aquellas personas a las que te cuesta amar.

Debate en pequeños grupos

1. Piensa en las personas que te caen mal. ¿Cómo puedes comenzar a amarlas con el amor sobrenatural de Dios?

2. ¿Qué personas son para ti un ejemplo de amor y preocupación por los demás? ¿De qué manera muestran el amor de Dios?

La tentación

José conoce mejor el camino para llegar hasta la computadora que está en su dormitorio que la manera de llegar a su salón de clases de en la escuela. Y no es de extrañar, porque pasa todo su tiempo libre con la nariz a escasos centímetros del monitor, que es como una ventana hacia fantásticos viajes por el mundo cibernético. La fascinación de José con la computadora puede ser una buena preparación para una posible carrera dentro de la alta tecnología, pero para su desgracia, también es un acceso a cientos de tentaciones que José ni sabía que existían.

Comenzó una noche, tarde, mientras investigaba para un informe de la escuela. Sus padres y sus hermanos estaban acostados, y la única luz en toda la casa era el destello fantasmagórico del monitor que se reflejaba en las paredes de su habitación. José había oído de la existencia de espacios sórdidos en Internet donde no debía entrar, pero hasta entonces nunca lo había intentado.

Tipeó una palabra inocente y el buscador respondió con una innumerable cantidad de enlaces no tan inocentes. José paseó el mouse sobre algunos, con curiosidad por lo que pudiera hallar detrás de las palabras. Él sabía que eran sitios llenos de pecado, pero el breve y atractivo resumen lo seducía y despertaba en él un poderoso deseo de complacer el llamado de sus instintos carnales.

Permaneció frente al monitor mientras en su interior se libraba una fiera batalla entre el bien y el mal. Sentía que el pulso se le aceleraba al imaginar las figuras prohibidas que habría detrás de un simple clic del *mouse*.

Nadie se enterará… tengo edad suficiente como para manejarlo… Todos los varones fogosos miran revistas. Voy a mirar una sola vez para ver de qué se trata, y no volveré a entrar de nuevo.

CAPÍTULO 22

Con cada excusa José sentía que las temblorosas paredes de su resistencia comenzaban a tambalearse. Por un momento casi logró volver a la realidad cuando su conciencia le recordó que el pecado trae consecuencias. El pensamiento se presentó como un salvavidas que podía tomar para mantener su pureza o sucumbir en un mar de lujuria carnal.

La intensidad de la batalla lo sorprendió, al igual que su rápida decisión de acceder a la opción equivocada. Con un clic del *mouse* se vio expuesto a imágenes fascinantes y seductoras que le producían a la vez atracción y rechazo. Como un consumidor de drogas que busca un efecto cada vez mayor, pasó alrededor de una hora navegando de sitio en sitio hasta que por último una combinación de cansancio, culpa y aburrimiento lo obligó a apagar el aparato.

¿Era el fin del mundo para José? En realidad no. Fue a la escuela al día siguiente, entregó su informe a tiempo y la vida continuó con normalidad.

No, no era el fin del mundo, pero era el comienzo de una lucha. Ahora experimenta una nueva tentación en su vida cada vez que enciende la computadora. No pasa un día sin que sienta un fuerte deseo de visitar nuevamente los sitios pornográficos de Internet.

¿Qué es la tentación?

La tentación es el deseo de hacer algo malo, algo que sabemos que no debemos hacer. (Ver Santiago 1:14–15.)

Así funciona la tentación. Algo o alguien nos seduce, o un deseo nos arrastra (la palabra lujuria implica un fuerte deseo y, por lo general, se refiere al deseo sexual prohibido). Si cedemos a esa tentación, se convierte en pecado, que a su vez acarrea la muerte espiritual. Esto no significa que uno va a caer muerto si cede ante la tentación, pero sí significa que ese pecado afectará nuestro andar con Dios de una manera que con el tiempo puede ser mortal para nuestra vida espiritual.

Si alguna vez has ido a pescar, lo comprenderás con facilidad. ¿Alguna vez has pescado algo con solo arrojar el anzuelo vacío al agua? Probablemente no, ¡a menos que el pez esté demasiado hambriento o sea demasiado estúpido! Por supuesto, la habilidad para pescar tiene mucho que ver con la manera de atraer a los peces y esa atracción está relacionada con el tipo de carnada.

¿Cómo funciona la tentación?

La tentación produce curiosidad, luego deseo, y finalmente una sensación de necesidad. En la vida de José, la pornografía se convirtió en una carnada. Él sabía que no era correcto, pero después de ceder algunas veces, descubrió que no podía escapar de la trampa; había caído en una red de pecado.

Así han funcionado las cosas desde el comienzo de la raza humana. Comenzó con Adán y Eva en el jardín del Edén. Lee Génesis 3:6 y observa las tres cosas que tentaron a Eva cuando la serpiente (el diablo disfrazado) la engañó.

La mujer vio que el fruto del árbol era *bueno para comer*, y que tenía *buen aspecto* y era *deseable para adquirir sabiduría*, así que tomó de su fruto y comió. Luego le dio a su esposo, y también él comió. (Cursiva agregada)

Encontramos una lista similar en 1 Juan 2:15–17.

Aunque puedes ser tentado en áreas diferentes a las de tus amigos, la tentación siempre funciona de la misma manera, no importa cuál sea la carnada. En efecto, la tentación puede tomar la forma de cualquier tipo de pecado o cosa indebida: codicia, orgullo, celos, mentira, habladurías, inmoralidad sexual, falta de respeto por la autoridad, pereza, postergación, alcohol, drogas, etc.

Tal vez tu lucha sea en cuanto a asistir o no a las fiestas. Es probable que antes de hacerte cristiano no te detuvieras a considerarlo siquiera: ibas a todas. Sin embargo, ahora tienes que hacer una elección, ya que muchos de tus amigos siguen bebiendo y asistiendo a esas fiestas. Ahora sabes que no son buenas y no solo porque en ellas se quebranta la ley, sino porque además dañan tu testimonio cristiano.

Cómo resistir la tentación

A veces las tentaciones en nuestro interior o a nuestro alrededor nos hacen sentir como si estuviéramos en medio de una guerra. En realidad, estamos en una guerra, una guerra entre el bien y el mal que se desata todos los días en nuestro interior. Es real e intensa, pero Dios nos ha prometido la victoria si seguimos el plan ordenado por Él en la Biblia. (Ver 1 Corintios 10:13.)

¿Cómo podemos resistir la tentación? *Primero*, recuerda que Dios nunca permitirá que seas tentado más allá de lo que puedes resistir. Las tentaciones son a tu medida para ayudarte a crecer, no para dejarte derrotado.

Segundo, debes saber que siempre hay una puerta de escape cerca. Dios nunca te dejará abandonado, a merced de tus pasiones, de tu ira o de tu egoísmo. Siempre te dará una salida, si eliges seguirla.

Tercero, aléjate de la gente, las cosas, los lugares o las situaciones que te provoquen tentación.

Cuarto, si estás luchando con alguna tentación en particular, busca algún amigo maduro o un grupo de amigos maduros y diles que necesitas rendirles cuenta de tus actos.

Conozco a un joven que se detuvo en un negocio de los que atienden las 24 horas pues necesitaba comprar algunas provisiones. Después de llenar el canasto con distintas cosas, se dirigió a la caja, donde tuvo que esperar en la fila justo frente a una estantería llena de revistas con llamativas fotos de mujeres casi desnudas. Su primera y natural reacción fue permitir que sus ojos se saciaran con las imágenes que tenía enfrente.

Sin embargo, casi de inmediato le vinieron a la mente unas palabras: "Huye también de las pasiones juveniles". Sabía que se trataba de un pasaje de la Biblia (2 Timoteo 2:22; RV95) y que era el Espíritu Santo quien lo ayudaba a recordar lo que debía hacer. Casi sin vacilar el joven hizo algo que podría parecer una locura: dejó las provisiones, dio media vuelta y salió del negocio, al que nunca más volvió. Sabía que si seguía esperando allí podía llegar a hacer algo de lo que más tarde se lamentaría. Obedeció la Biblia en forma literal y huyó de la tentación antes que esta lo hiciera caer.

Todos tenemos tentaciones. Es la consecuencia de vivir en un mundo caído y pecaminoso. La buena noticia es que Jesús puede ayudarnos en cualquier área en que estemos luchando.

No juegues con la tentación; ¡huye de ella! A la larga estarás agradecido de haberlo hecho.

Debate en pequeños grupos

1. ¿En qué situaciones o contextos experimentas más tentaciones?

2. ¿De qué manera piensas que Dios puede ayudarte a resistir las tentaciones difíciles en el futuro?

El Dios que te oye [La oración]

Leo estaba sentado en la oficina del pastor de los jóvenes, compenetrado en el estudio bíblico que estaban haciendo juntos. Nunca había imaginado que la Biblia pudiera ser tan emocionante y tan relevante para las cosas que experimentaba a diario en la escuela, en el hogar y en el trabajo. Estaba comenzando a vislumbrar al Padre celestial, a quien recién había descubierto.

La hora pasó volando y el pastor sugirió que terminaran con unos minutos de oración.

—Leo ¿qué tal si oras primero? Luego yo concluyo —propuso el pastor.

A Leo se le aceleró el pulso y comenzó a transpirar.

—No sé orar. En realidad nunca antes he hablado con Dios… y la verdad es que no sé qué decir.

Su amigo más experimentado sonrió.

—Sé como te sientes. Recuerdo haberme sentido igual hace mucho tiempo. En realidad, hablar con Dios es lo mismo que hablar con otra persona. ¿Por qué no le agradeces por el momento que compartimos? Luego cuéntale algunas cosas que te preocupan. Yo sigo después.

—Bueno, intentaré —asintió Leo, nervioso. No entendía por qué se sentía tan incómodo siendo que había oído a otras personas orar en voz alta muchas veces. El problema era que nunca había pensado qué le diría él a Dios. *Después de todo, ¿qué se supone que uno debe decirle al Rey del universo?*

—Mmm… Padre… —tartamudeó Leo—. Padre, quiero servirte y… mmm… quiero ser un cristiano fiel.

Sentía que le corría la transpiración por la espalda y comenzó a inquietarse mientras

CAPÍTULO 23

buscaba las palabras. Siguió tratando de expresar lo que había en su corazón.

—Bueno, Dios... estoy contento de ser tu hijo, y supongo que eso es todo por ahora.

Levantó la vista y se encontró con la sonrisa del pastor.

—Bueno, no fue tan difícil como pensaba. ¡Me agradó hacerlo! —dijo Leo con satisfacción.

¿Cómo oramos?

Nos sentimos bien al orar porque tú y yo fuimos creados para estar en íntima relación con el Dios del universo, y no es fácil tener intimidad con alguien con quien no hablamos con frecuencia.

Eso fue lo que Jesús enseñó a un puñado de nuevos creyentes que lo siguieron durante los tres años de su ministerio terrenal. Esos doce hombres, a quienes conocemos como discípulos, vieron cómo Jesús se relacionaba con su Padre de manera íntima y personal. Lo observaron orar como si el Padre estuviera sentado con ellos alrededor de la fogata o caminara a su lado por los polvorientos caminos.

Un día le hicieron a Jesús una pregunta de crucial importancia: "¿Cómo se ora?" Querían relacionarse con el Padre como lo hacía Jesús. Deseaban conversar con el Dios del universo, pero no estaban seguros de cómo iniciar la conversación.

¿Alguna vez te hiciste la misma pregunta? Tal vez has visto u oído a tus amigos hablar con Dios, pero todavía no aprendiste a hacerlo por tu cuenta. Algunas personas parecen tan formales cuando oran, como si tuvieran un libreto preparado. Otros son informales y espontáneos. ¿Es una de las maneras correcta y la otra no, o tal vez ambas formas estén bien?

En Mateo 6:9–13 leemos lo que Jesús les dijo a sus amigos (nuevos creyentes) sobre la oración:

Ustedes deben orar así:
"Padre nuestro que estás en el cielo,
santificado sea tu nombre,
venga tu reino,
hágase tu voluntad

en la tierra como en el cielo.
Danos hoy nuestro pan cotidiano.
Perdónanos nuestras deudas,
como también nosotros hemos perdonado a nuestros
deudores.
Y no nos dejes caer en tentación,
sino líbranos del maligno.
[Porque tuyos son el reino y el poder y la gloria para
siempre. Amén.]"

No pienses que esta oración es como una fórmula mágica o un mantra que debe repetirse una y otra vez. No necesitas repetir las palabras exactas para que Dios te escuche. En realidad es mucho mejor si usas tus propias palabras y consideras esta oración como una guía en tu conversación con Dios.

Lo importante sobre la oración es esto: lo que cuenta no son las palabras sino la sinceridad del corazón. Es así de sencillo. Dios quiere que te comuniques con Él tal como eres. No quiere que te guardes secretos. Cuando hables con Él, cuéntale de cada faceta de tu vida, cada área de tu mundo. Dios ya sabe todo sobre ti, pero sabe que necesitas hablar con Él para mantenerte vinculado.

La oración es una experiencia íntima, porque Jesús dice: "Pero tú, cuando te pongas a orar, entra en tu cuarto, cierra la puerta y ora a tu Padre, que está en lo secreto" (Mateo 6:6). No significa que nunca debemos orar con otras personas en grupos grandes o pequeños. Lo que dice es que no debemos orar para impresionar a otros. La oración tiene que ser una conversación personal entre tú y el Dios del universo.

Dos amigos pasaban el día juntos y decidieron salir a almorzar. Cuando se sentaron en el atestado restaurante, uno de ellos dijo:

—Me gustaría dar gracias por la comida.

Ambos inclinaron la cabeza y uno comenzó a orar en voz alta y ceremoniosa:

—Dios y Padre nuestro, gracias te damos por esta provisión para nuestros cuerpos.

Oraba tan fuerte que todos los presentes se dieron vuelta para ver qué ocurría. Además de agradecer a Dios por la comida, se las arregló para intercalar el mensaje del evangelio para beneficio del resto de los comensales. Su amigo quería esconderse bajo la mesa. No es que tuviera vergüenza de su Dios o de su fe; más bien le parecía que el otro joven estaba llamando la atención sobre sí mismo en forma inapropiada.

¿Cuándo debemos orar?

Para poner las cosas en perspectiva, piensa por un momento en una persona con quien te gustaría pasar todo el día, tal vez alguien famoso, como una estrella del deporte, un músico, etc. Si tuvieras ese privilegio, ¿pasarías todo el día sin hablar con esa persona? ¡Claro que no! Hablarías con ella todo lo posible. Le harías preguntas sobre su vida personal, el lugar donde vive, sus actividades preferidas, sus pasatiempos, etc. Difícilmente dejarías pasar la oportunidad de conversar mucho.

Con Dios sucede lo mismo. Él es más grande y más importante que la mejor figura deportiva, estrella de rock o personaje político que el mundo haya conocido. Él es tu constante compañía, cada día, todo el día. Te acompaña cuando estás en el automóvil, en el aula, en el dormitorio, en el trabajo, en todas partes. Siempre está dispuesto a pasar un tiempo contigo y a hablar de cualquier cosa que te preocupe.

La Biblia deja bien en claro que Dios está disponible e incluso nos manda que oremos "en el Espíritu en todo momento" (Efesios 6:18.) Eso significa que nuestra conversación con Dios debe ser continua. En lugar de simplemente "recitar las oraciones" antes de ir a dormir, debemos considerar nuestra vida como una permanente conversación con nuestro Padre celestial.

Los beneficios de la oración

Carla acaba de enterarse que su padre tiene una aventura y que piensa abandonarlas a ella y a su madre. Como puedes imaginar, está sumamente angustiada. Su mundo se dio vuelta por completo, como si fuera un rompecabezas de mil piezas desparramado por el suelo.

Cuando conversa con sus amigas se siente un poco mejor, pero cuando habla con su madre se enoja más y aumenta su sufrimiento. Y es evidente que a esta altura no puede hablar con su padre porque todo sería mucho más confuso.

Sin embargo, tiene alguien con quién hablar, alguien que la escucha con gusto aunque en ocasiones los gemidos y las lágrimas reemplacen las palabras que no logran expresar el dolor. De alguna manera, cuando le abre el corazón al Padre celestial, experimenta un consuelo y una paz que atenúan su angustia. Se arrodilla al lado de la cama y clama al Padre, mientras las lágrimas corren por sus mejillas y mojan la almohada. Carla abre su corazón ante el Dios que la escucha y la comprende. Esta es la gran diferencia.

Carla lee la Biblia con avidez y derrama su alma en oración. De esa manera sobrevive durante los días y las semanas siguientes. Su fe crece y descubre que puede depender no de sus fuerzas sino de la fuerza de Dios para seguir adelante en medio de este desastre. Carla encuentra gran consuelo al saber que su vida está en las manos del Dios del universo que la ama, la consuela y la guía.

Todos nosotros, en un momento u otro, tendremos que pasar por alguna crisis. Podrá ser un problema familiar, como en el caso de Carla, o alguna otra cosa difícil. No importa cuál sea la situación, puedes tener la seguridad de que Dios te acompañará y escuchará cada lamento de tu corazón.

La oración te permitirá discernir la voluntad de Dios. (Ver Santiago 1:5.) Es verdad que la Biblia es nuestra principal fuente de sabiduría, porque por medio de ella el Padre nos revela cómo vivir la clase de vida que Él bendice. Sin embargo es por medio de la oración que esa sabiduría bíblica se confirma en nuestro corazón. Hablamos con Dios y Él imprime su verdad en nuestro corazón.

Otro beneficio es que por medio de la oración podemos pedir el perdón de nuestros pecados (ver 1 Juan 1:9). Es cierto que cuando oraste para recibir a Cristo, Él perdonó tus pecados pasados, presentes y futuros. Ya no se te acusa de esos pecados, y no podrán impedir que estés para siempre con tu Padre en el cielo. Por otra parte, el pecado no confesado puede provocar un enfriamiento en tu relación con Dios, tal como ocurriría entre tú y cualquier otra persona con quien te relacionas.

El pecado no confesado te pesará. Durante varias semanas un joven llamado Rodolfo había abandonado su diálogo con Dios. Sentía vergüenza de confesar una y otra vez los mismos pecados. Con el tiempo la culpa comenzó a amontonarse hasta que se sintió triste y apesadumbrado.

Un amigo le dio un excelente consejo: "Rodolfo, tienes que dedicar un tiempo para estar a solas con Dios y contarle lo que te pasa. Necesitas abrirle tu corazón."

Rodolfo siguió el consejo y su semblante reflejó un cambio asombroso. Su espíritu quedó aliviado y se sintió renovado.

Cuando confieses pecados, pide al Espíritu Santo que te traiga a la mente todo lo que no recuerdas en ese momento. El Salmo 19:12 dice: "¿Quién está consciente de sus propios errores? ¡Perdóname aquellos de los que no estoy consciente!" No tengas miedo de que algún pecado olvidado te impida recibir todo lo que el Padre tiene para ti. Confía en que Él traerá a tu mente todas las cosas que necesitas confesar.

Palabras finales

Tal vez hayas oído a muchas personas orar en diversas ocasiones. De ser así, seguro que escuchaste a alguno que concluyó su oración con la frase: "En el nombre de Jesús, amén". Para muchos nuevos cristianos, esto suena un poco extraño. ¿Qué significa orar "en el nombre de Jesús"?

En primer lugar, no es una fórmula mágica que asegura que nuestra oración será respondida de manera automática. Tampoco es una frase de costumbre que en el fondo no dice nada. Cuando una persona ora "en el nombre de Jesús" significa que esa persona se acerca a Dios por la autoridad o de parte de Jesús, el Hijo de Dios. En lugar de presentarse por sus propios méritos, reconoce que solo Jesús hace posible que podamos acercarnos al santísimo Dios.

La oración es al alma lo que la respiración al cuerpo. Dedica un momento cada día para hablar con tu Padre celestial. Te sorprenderás al descubrir lo placentero que puede ser mantener una conversación personal con Dios.

Debate en pequeños grupos

1. ¿Qué pasaría con tu vida espiritual si oraras cada día durante una hora? ¿Qué lugar elegirías para orar? ¿Qué llevarías contigo? ¿Qué te impide hacerlo?

2. Describe tu vida de oración. ¿Por qué quisieras mejorarla?

3. Enumera a algunas personas por las que quisieras orar hoy. Si te cuesta concentrarte, pon tus oraciones por escrito.

Meditar en la Palabra de Dios

Facundo nunca fue un gran lector. Leer era más una obligación que algo que ansiara realizar.

No era el tipo de persona que tomaba un libro y lo leía por puro placer. Ni siquiera disfrutaba las revistas de historietas. La única vez que leía era para alguna asignatura de la escuela, y aun así, procuraba leer lo mínimo indispensable. Siempre adelantaba las páginas para ver cuánto faltaba. Y al terminar se preguntaba: "¿Qué acabo de leer?"

Entonces ocurrió algo que convirtió a Facundo en un ávido lector. No fue un taller de lectura en la escuela; no fue un maestro particular; ni siquiera una suscripción a una revista deportiva. Fue una experiencia con el Dios vivo. Facundo entregó su vida a Cristo y por primera vez encontró un libro que le costaba dejar a un lado: la Biblia. Comenzó a tener sed de leer las Escrituras y las verdades espirituales que contienen. En lugar de tratar de abarcar muchas páginas en poco tiempo, leía sin apuro, a veces durante una o dos horas sin interrupción. Para su sorpresa el tiempo se le pasaba volando, como si hubieran sido cinco minutos.

Facundo descubrió que la Biblia era diferente de cualquier otro libro. Descubrió que cuanto más leía, más satisfecho y completo se sentía. En lugar de considerar la lectura una obligación, comenzó a disfrutarla por primera vez en su vida. Empezó a levantarse temprano con el propósito de estar tranquilo para leer. Cada mañana se enfrascaba en la Palabra con ansias, entusiasmado por las cosas que aprendería del Padre. Aun en los días que no sentía deseos de levantarse temprano, se esforzaba y lo hacía igual. Y siempre se alegraba de haberlo hecho.

Facundo estaba maravillado de que el Dios del universo usara las palabras impresas en una página para hablarle directamente a él. De la misma manera que esperaba la llamada telefónica de su mejor amigo, ahora esperaba leer la Palabra de Dios. Sentía que estaba conociéndolo cada vez más por medio de su Palabra.

Años después de su primer encuentro con la Biblia, Facundo se ha convertido en un ávido buscador de la verdad. Sigue leyendo y releyendo las Escrituras, y siempre descubre algo nuevo. Su sed por conocer a Dios por medio de su Palabra también lo ha llevado a inscribirse en un seminario bíblico, donde está aprendiendo más acerca de la Biblia y de la vida cristiana de lo que jamás imaginó. Ahora, Facundo también lee varios libros completos cada semestre, algo que antaño jamás hubiera imaginado que haría.

El estudio de la Palabra de Dios es la clave de nuestro crecimiento espiritual. Si quieres ser un discípulo de Jesucristo que obre con madurez, debes dedicar tiempo, mucho tiempo, a leer el Libro por medio del cual Él se nos revela con tanta claridad.

La Biblia es diferente de cualquier otro libro que se haya escrito. Como cristiano, el Espíritu Santo que ahora vive en ti obra por medio de la Palabra de Dios para revelarte en forma sobrenatural las cosas de Dios. Los que no son cristianos pueden leer la Biblia y entender algunas cosas, pero están limitados en su capacidad para discernir la verdad de Dios. En 1 Corintios 2:14 dice: "El que no tiene el Espíritu no acepta lo que procede del Espíritu de Dios, pues para él es locura. No puede entenderlo, porque hay que discernirlo espiritualmente".

En el libro de Hebreos, en el Nuevo Testamento, el autor anima a los lectores a consumir alimento sólido y no solo leche. (Ver Hebreos 5:12–14.) Es decir, les pide que no permanezcan como bebés en la fe, sino que crezcan y maduren. Si un niño no crece físicamente es indicativo de que algo no está bien, y la misma verdad se aplica a lo espiritual. Dios quiere que leamos y estudiemos su Libro a fin de que podamos crecer y madurar como creyentes en Cristo. Y para ser franco, no hay otra manera de alcanzar la madurez espiritual.

Lo que hará la Palabra de Dios por el creyente

Exploremos más a fondo esta idea analizando cuatro beneficios de leer y estudiar la Palabra de Dios.

1. *Ayuda a que entendamos correctamente quién es y qué quiere de nosotros.* Nadie desea ser calumniado. Si alguna vez han dicho mentiras a tus espaldas, sabes lo frustrante que es tratar de recuperar tu reputación. De la misma manera, hay mucha gente que calumnia a Dios ya sea por tergiversar o ignorar su Palabra por completo. Las consecuencias son más que sentimientos heridos de Dios; la verdad torcida equivale a la ausencia total de verdad, y una visión distorsionada de Dios puede tener resultados trágicos y eternos. Dios no toma esto a la ligera.

A lo largo del Antiguo Testamento, Dios instruyó de forma constante a la nación de Israel, su pueblo elegido, acerca de su carácter y sus atributos divinos. Como nosotros, Israel se mostró con frecuencia obstinada y rebelde contra Dios. En una ocasión fabricaron un becerro de oro al que adoraron de rodillas. ¡Qué error! Sin embargo, nosotros somos capaces de hacer exactamente lo mismo si no permitimos que la Biblia agudice nuestra percepción espiritual. Tal vez no construyas un becerro de oro, pero sin la Biblia como guía con toda seguridad moldearás a Dios a la imagen de algo mucho menor de lo que Él es en realidad.

2. *La Biblia proporciona la verdad por medio de la cual podemos vivir.* Imagina un camino de montaña escarpado que no tenga barreras de contención. Ahora imagina el mismo camino cubierto de hielo y nieve. No nos da ninguna seguridad, ¿verdad? Sería fácil salirse del camino cuando hay una tragedia. Todos reconocemos que las barreras están allí por seguridad. No creo haber visto nunca alguna persona enojada porque hubiera barreras de protección en los caminos de alta montaña.

Sin embargo muchos se molestan cuando descubren que Dios nos indica cómo vivir la vida. No entienden que Dios ha puesto en la Biblia barreras de protección para evitar que nos destruyamos. Quienes descuidan la verdad de Dios es como si caminaran sobre hielo delgado, dicho en sentido espiritual.

Un joven estudiante llamado Julio tenía curiosidad por conocer el mundo de las fiestas entre sus compañeros de escuela. Como era cristiano nunca había participado en una fiesta en que se bebiera cerveza a granel, pero por alguna razón sentía cada vez más deseos de asistir a una para saber de qué se trataba.

Sin embargo, antes de tomar la decisión final, resolvió buscar en la Biblia para saber qué decía sobre las fiestas. Aunque no pudo encontrar los términos *cerveza* ni *fiesta* (por lo menos no en el sentido de la palabra que él buscaba), sí encontró pasajes que hablaban de lo necio que es quedarse dando vueltas alrededor del pecado. Por ejemplo, la Biblia dice: "Hijo mío, si los pecadores quieren engañarte, no vayas con ellos" (Proverbios 1:10). También dice: "No envidies en tu corazón a los pecadores; más bien, muéstrate siempre celoso en el temor del SEÑOR" (Proverbios 23:17).

Mientras Julio meditaba en estos y otros pasajes similares, su deseo de asistir a una de esas fiestas comenzó a decrecer. La tentación seguía, pero la Palabra le dio la convicción y el valor para resistir. Dios usó la Biblia para mantener la conciencia de Julio bien despierta. Sin ella, es probable que Julio hubiera tomado alguna mala decisión con posibles consecuencias perdurables.

Cuando leemos la Biblia, comprobamos que nos trae a la realidad: la realidad de Dios. Nos ayuda a esquivar los deseos vanos que, de lo contrario, nos desviarían de los caminos de Dios. Recuerda, la verdad de Dios tiene como objetivo tu seguridad y tu bendición. Actúa como una barrera de contención que te protege de la autodestrucción.

3. *La Biblia nos mantendrá sedientos de las cosas de Dios.* Cuanto más la leas, más querrás leerla. A diferencia de otros libros, nunca podremos agotar la verdad de la Palabra de Dios. Incluso si leyeras la Biblia íntegra dos veces por año durante el resto de tu vida (lo que sería una meta asombrosa), todavía quedaría más por aprender. La Biblia es como un pozo profundo que nunca se seca. (Ver lo que dice Efesios 1:9.)

4. *La Palabra de Dios te dará discernimiento para tomar decisiones correctas en la vida, sean decisiones grandes o pequeñas.*

Benito acababa de entrar a la universidad y por primera vez experimentaba la convivencia entre estudiantes. Por eso se sorprendió cuando uno de sus amigos llegó con un pequeño barril de cerveza al dormitorio. A medida que la habitación comenzó a llenarse de ruidosos estudiantes, Benito tuvo que tomar una decisión: ¿se quedaría en la habitación con sus amigos o se marcharía? Afortunadamente decidió irse, sobre todo porque su conciencia había sido agudizada por la Palabra de Dios. Debido a la lectura diaria de la Biblia, tenía la verdad de Dios fresca en su mente.

La Biblia también te ayudará con cuestiones trascendentales de la vida, por ejemplo:

* ¿Con qué clase de persona deseas casarte?
* ¿Cómo debes responder a tus padres?
* ¿Está mal vivir con alguien antes de casarse?
* ¿Qué tipo de carrera estudiar?
* ¿Cómo se restablecen las relaciones que se han roto?
* ¿Está mal desear tener dinero, o es más piadoso vivir en la pobreza?
* ¿Qué piensa Dios sobre el adulterio, el divorcio y el nuevo matrimonio?

La Biblia puede proveerte de discernimiento sobre cada uno de estos temas. Aunque estos asuntos no sean problemas candentes para ti en este momento, algún día lo serán. Si tu mente y tu corazón están formados en la Palabra de Dios, tendrás el discernimiento necesario para las decisiones que debas tomar en cada etapa de la vida.

Consejos para usar la Biblia

* Aprende a hacer el devocional diario. Lee la Biblia todos los días.
* Haz marcas en tu Biblia cuando lo consideres conveniente. Anota un signo al margen si tienes una duda; luego pregunta a alguien apenas tengas oportunidad.
* Destina un tiempo para estudiar la Biblia con mayor profundidad. Consigue una buena Biblia de estudio que incluya observaciones, notas y mapas.[1] Busca libros que te ayuden a entender la historia, la geografía y la cultura de la época bíblica.
* Una de las mejores herramientas para el estudio bíblico es el simple uso de preguntas:
    — ¿Cuándo se escribió este pasaje?
    — ¿Quién lo escribió?
    — ¿A quién iba dirigido?
    — ¿Por qué se escribió este libro de la Biblia?

— ¿Qué significó para los lectores originales?

— ¿Hay alguna cosa que deba hacer o modificar como resultado de la lectura de este pasaje?

- Memoriza la mayor cantidad de pasajes que puedas. (Ver Salmo 119:11.) La mejor manera de hacer tuya la Palabra de Dios es memorizarla y luego pensar en ella a lo largo del día. Te asombrarás de lo rápido que cambiará tu vida, y cómo se parecerá cada vez más a la de Cristo.

- Escribe en tu computadora algunos versículos preferidos, o todo un capítulo. Imprímelos y fíjalos en un lugar bien visible como el tablero del auto, en tu casillero de la escuela o en el espejo del baño.

- Escribe algunos versículos en tarjetas y llévalas contigo en el bolsillo o la cartera. Léelos mientras esperas en alguna fila y no tienes nada que hacer.

- Busca algún amigo con quien leer pasajes de las Escrituras. Compartan lo que sus versículos preferidos les enseñan acerca de Dios.

- Compra una pequeña Biblia de bolsillo para llevarla contigo a todas partes. Léela durante el intervalo del almuerzo o cuando encuentres un tiempo libre.

Todas las sugerencias anteriores están destinadas a que la Palabra de Dios esté siempre a tu disposición. Dios siempre desea revelarte más de Él y el medio principal que utiliza es su Palabra.

Años atrás los miembros de una pequeña iglesia en Siberia luchaban con desesperación por conseguir ejemplares de la Palabra de Dios. En un país tan cerrado, era prácticamente imposible. Mucha gente era fusilada o enviada a prisión por el "delito" de poseer una Biblia.

La pequeña iglesia sintió la clara indicación divina de enviar a un hombre a la floreciente ciudad de Kiev. Alguien había oído que los contrabandistas de Biblias de occidente a veces bajaban sus cargamentos en esa gran ciudad.

El hombre llegó a Kiev después de un largo viaje. Pero ¿dónde debía buscar? No tenía la menor idea de por dónde comenzar, de modo que oró: "Señor, ayúdame a encontrar algunas Biblias. Las necesitamos para conocerte mejor". Luego comenzó a caminar y no tardó en toparse con una iglesia. Para su sorpresa, se enteró de que entre todas las iglesias de Kiev, él había llegado precisamente a la iglesia donde los contrabandistas llevaron Biblias ese día.

El hombre entró en el edificio lleno de gozo y relató su largo viaje desde Siberia. Contó sobre su oración y sobre su pequeña iglesia que carecía totalmente de Biblias. Para su asombro, le dieron una caja llena para llevar y compartir con sus hermanos y hermanas en Cristo. El hombre sintió que sus ojos se llenaban de lágrimas de gozo. Para él, la Biblia era el alimento espiritual que anhelaba.

No descuides la lectura de la Palabra de Dios, privándote así de este enorme privilegio. Es el regalo más precioso que Dios te ha dado, después de sí mismo.

Debate en pequeños grupos

1. ¿Por qué piensas que Dios nos dio su Palabra en forma escrita?

2. ¿Cuáles son los principales obstáculos, si los hay, que te impiden leer la Palabra de Dios de manera sistemática? ¿Puedes superar esos obstáculos?

La iglesia

David y Lucio eran muy buenos amigos. No solo estaban juntos en la escuela, sino que también compartían mucho tiempo en la casa de uno u otro. Era tanto el tiempo que pasaban juntos que sus respectivos padres pensaban que habían adoptado otro hijo.

Como ocurre generalmente con los buenos amigos, David y Lucio pasaban mucho tiempo riendo. Siempre estaban haciendo bromas. Cuando uno de ellos comenzaba a reír, el otro no podía evitar hacer lo mismo. Pronto ambos estaban desternillándose de risa mientras les corrían lágrimas por las mejillas, aunque el motivo de la risa fuera una tontería.

Sin embargo, más de una vez su sentido del humor los metía en dificultades. Así fue en aquella oportunidad cuando David invitó a Lucio a la iglesia. David era cristiano, pero Lucio nunca había expresado interés en las cosas espirituales. Por esa razón David se sorprendió cuando Lucio dijo: "Sí, iré contigo… siempre y cuando podamos sentarnos en las últimas filas."

Y eso fue lo que hicieron. El domingo por la mañana se sentaron próximos a la última fila. David se daba cuenta de que Lucio estaba un poco nervioso. Observaba con insistencia a la gente que lo rodeaba, a la vez que intentaba integrarse de la mejor manera posible. Cuando todo el mundo se ponía de pie, él también lo hacía. Cuando todo el mundo se sentaba, él se sentaba. Se esforzaba por seguir las indicaciones.

David estuvo consciente del culto como nunca antes. Comenzó a mirar lo que ocurría a través de los ojos de Lucio, y más de una vez oró: "Señor, ayuda a Lucio a disfrutar del culto para que quiera volver otra vez".

CAPÍTULO 25

Entonces "el trío" se puso de pie para cantar. Oh, no... pensó David. ¡El trío no...! Había escuchado a esas tres señoras cantar desde que tenía memoria y nunca les había prestado atención. ¡Pero ahora estaba Lucio! ¿Qué va a pensar? Las mujeres se acercaron al púlpito e intentaron acomodarse ante el micrófono. Esas tres hermanas habían cantado más veces que Elvis Presley, pero hacía mucho tiempo que sus voces ya no tenían calidad. Aclararon sus gargantas al unísono, luego una de ellas miró hacia atrás por sobre el hombro e hizo un gesto de asentimiento al pianista que inició la introducción al número que presentaban.

David estaba cada vez más paralizado. Tenía miedo de mirar a Lucio. Cuando el trío comenzó a gorjear, trató de imaginar lo que estaría pensando su amigo. He aquí a tres hermanas que con sus trinos agudos cantaban lo que parecía un *jingle* de cerveza alemana con letra religiosa, vestidas con trajes de chaqueta y pantalón bordó y amarillo que, en comparación, hacían parecer aburrida una función de circo. David sabía que las hermanas cantantes tenían un gran corazón, pero para alguien de afuera seguramente resultarían cómicas.

En ese momento David escuchó un sonido ahogado que profirió Lucio. Era el sonido que hace una persona cuando intenta contener un estornudo. Es el típico sonido de aire contenido en la garganta seguido de profundas inspiraciones.

David oró con fuerza. Sabía que ese ruido era Lucio que trataba de contener la risa. David intentó evitar lo inevitable.

Señor, ayúdanos a no reírnos. Señor, por favor.

David se volvió a Lucio y sus ojos se encontraron por un instante. Eso fue suficiente para que soltaran la risa, visiblemente tentados. Bajaron la cabeza en un intento por pasar inadvertidos mientras las lágrimas les corrían por las caras enrojecidas. Cuanto más intentaban detener la risa, peor era. Cuando terminó la canción, ya estaban mordiéndose las uñas, los dedos y hacían cualquier cosa que pudiera distraerlos a fin de no reírse en voz alta. Lo bueno fue que solo unos pocos notaron cómo se sacudían los hombros de los muchachos mientras duró el largo y pesado canto.

Al final de la reunión, David estaba seguro de que su amigo jamás querría volver a la iglesia. Sin embargo, de regreso a casa, se sorprendió por el comentario de Lucio: "Claro que voy a volver la próxima semana, ¡siempre y cuando canten esas tres señoras!"

Las excusas

Para algunas personas asistir a la iglesia puede significar la interrupción de un buen fin de semana. Es fácil encontrar otras cosas que parecen más importantes cuando se acerca la hora de ir a la iglesia.

¿Te resultan familiares algunas de estas excusas?

"La iglesia me aburre".

"No entiendo al pastor; usa demasiadas palabras complicadas".

"No me gusta la música. Es para la generación de mis padres, no para mí".

"No conozco a mucha gente en la iglesia; mis amigos nunca aparecen por ahí".

"Mis padres dicen que voy demasiado a la iglesia. Ellos no asisten. ¿Por qué habría de hacerlo yo?"

"Lo único que logra la iglesia es hacerme sentir hipócrita".

"Los fines de semana son mi único tiempo libre; el resto de la semana estoy muy ocupado".

"Necesito trabajar incluso el domingo para tener dinero para mis gastos".

Es fácil inventar excusas para no ir a la iglesia. Ten cuidado con las excusas.

¿Cuánto ama Cristo a la iglesia?

Lee Efesios 5:25–27, y tendrás una idea de cuánto ama Jesús a la iglesia. Jesús la ama tanto que pagó el precio más alto por ella: dio su vida en la cruz. La Biblia llama a la iglesia "el cuerpo de Cristo" (1 Corintios 12:27) y enseña que aquellos que han aceptado a Cristo son miembros de un cuerpo complejo y maravilloso, del cual Jesucristo mismo es la cabeza. No es de sorprender, entonces, que Jesús proteja tanto a la iglesia ya que forma parte de sí mismo. Además, ha prometido hacerla crecer y cuidarla hasta el día en que seamos llevados a su divina presencia.

Hay también otro nombre para la iglesia: se la llama la "esposa (o novia) de Cristo". Si uno piensa en lo que siente un hombre por su esposa terrenal, podemos imaginar lo que puede sentir Cristo por su esposa eterna.

Por eso no es bueno criticar a la iglesia ni señalar en forma constante sus errores de manera despectiva. Imagínate si tus amigos criticaran a la muchacha con quien has elegido casarte. ¿Cómo te sentirías si estuvieran todo el tiempo haciendo comentarios del tipo: "Es un poco aburrida" o "no es para ti"?

Sucede lo mismo con Cristo: Él quiere que estemos orgullosos de su "cuerpo", que es su pueblo. Jesucristo está comprometido con su iglesia y quiere que compartamos ese compromiso.

El apóstol Pablo tenía esto en mente cuando escribió a una pequeña iglesia de la antigua Grecia. (Ver 1 Corintios 11:2.) Pablo comprendió que la iglesia está en el centro mismo del accionar de Dios en el mundo. Si no estamos comprometidos con una iglesia local, donde se enseñe la Biblia, entonces estamos fuera del plan de Dios para nuestra vida. Es así de simple.

No hay forma de estar dentro de la voluntad de Dios para nuestra vida si no nos comprometemos con una iglesia local. (Ver Hebreos 10:25.)

Algunos estudiantes universitarios comenzaron a sentirse aburridos en las reuniones dominicales de su pequeña iglesia. No lograban entusiasmarse con la música, y los himnos y los sermones del pastor les parecían aburridos y sin inspiración.

Entonces decidieron iniciar su propio estudio bíblico, donde pudieran leer las Escrituras a su manera y adorar con su propia música. Al reunirse, comenzaron a quejarse de la iglesia en general. Les gustaba juntarse y manejar las cosas a su manera, y la mayoría dejó de asistir a las reuniones en el templo.

Con el tiempo, muchos de esos estudiantes comenzaron a experimentar dificultades en su relación con Dios. Se habían estado engañando al pensar que eran miembros activos del cuerpo de Cristo. En realidad, se habían aislado para su propio perjuicio.

Si sólo asistes al ministerio para estudiantes secundarios o universitarios de tu iglesia local, te estás perdiendo lo que Dios tiene para ti. Tal vez no lo comprendas, pero necesitas reunirte en forma habitual con la iglesia completa.

Muchos estudiantes abandonan la fe cuando se gradúan de la escuela secundaria porque ya no se sienten cómodos en la iglesia. Les gusta el grupo juvenil, pero nunca se comprometen con el cuerpo completo de la iglesia. En consecuencia, cuando se gradúan no encuentran un lugar apropiado.

No tiene por qué ser así. El estudiante sabio asistirá no solo a las reuniones del grupo juvenil sino también a los servicios de adoración, y hallará otras formas de tomar parte activa. Así, a medida que madura tendrá una base de relaciones que lo acompañarán en su vida cristiana.

El aporte de la iglesia

1. *La iglesia provee líderes que se preocupan por ti* y tienen la responsabilidad de enseñarte y guiarte en la Palabra de Dios. Estos líderes son reconocidos por la iglesia para ayudarte a crecer en tu caminar con Cristo.

2. *La iglesia provee oportunidades para que tú satisfagas las necesidades de otras personas.* Cada miembro del cuerpo de Cristo ha recibido "dones espirituales" con el propósito de servir a otros miembros del cuerpo. Si no participas de la iglesia, no solo pierdes la bendición y la recompensa de servir a Cristo, sino que además el cuerpo como un todo sufre la ausencia de tus dones y talentos únicos.

Piensa en cómo usarás tus dones en el cuerpo de Cristo: puedes colaborar en la adoración, en la enseñanza, en la limpieza, en evangelismo, en visitación a hospitales, en brindar ayuda social a los más pobres, en tareas con los niños, puedes estacionar los vehículos, dirigir un estudio bíblico… Existen un centenar de maneras de servir a Dios. Cuando funciona bien, la iglesia es el lugar más emocionante de la tierra.

3. *La iglesia provee estímulo espiritual que no hallarás en ningún otro lugar.* No basta con mirar un culto religioso en un programa de televisión los domingos por la mañana. Cristo quiere que nos relacionemos con otros integrantes de su cuerpo. Los cristianos al estilo "Llanero solitario" no son de utilidad en el ministerio efectivo.

Cristo usa el cuerpo de la iglesia para prepararnos y equiparnos para su servicio. (Ver Efesios 4:11–12.)

Qué ocurre cuando la iglesia no es una prioridad

Demas trabajaba con el apóstol Pablo. Había comenzado bien y parecía amar a Dios. Incluso estaba comprometido junto con Pablo en el ministerio de fundar iglesias por todo el mundo antiguo. Lamentablemente, Demas no pudo resistir la atracción del mundo. (Ver 2 Timoteo 4:10.)

Demas dejó la iglesia. Cuando uno abandona la iglesia, se aparta de Cristo. Es imposible ser un creyente maduro si uno asiste a la iglesia sólo para Pascua o Navidad. Aparentemente Demas pensó que ya no necesitaba de la iglesia. Estaba tristemente equivocado.

La historia de Julián es similar pero sucedió en nuestros días. Jugaba como defensor en el equipo de fútbol de su escuela secundaria, y cuando hizo profesión de fe en Cristo, impresionó a todo el mundo. Era tan sincero con su fe que fue capaz de ponerse de pie ante 300 estudiantes en un retiro y hablar de su amor por Cristo. Su vida cambió por completo. Julián era un apasionado por Dios. Se aseguraba de que sus amigos lo acompañaran a la reunión de jóvenes de su edad todas las semanas, y se esforzaba por vivir una vida obediente a Dios.

Cuando se graduó, Julián comenzó a reunirse con los universitarios, pero ya no era lo mismo. Intentaba en vano sentirse cómodo pero con el tiempo dejó de ir a la iglesia. No podía encontrar un grupo parecido a su antiguo grupo de la escuela secundaria, y cuando partió a la universidad, no se ocupó de buscar una iglesia nueva para asistir. El final de la historia es previsible. Se apartó del Señor y decidió que no valía la pena seguirlo.

Julián es un ejemplo de lo que ocurre cuando una persona se compromete en un solo ministerio de la iglesia y descuida al resto del cuerpo.

Si estás buscando una iglesia perfecta, jamás la encontrarás en la tierra. Sin embargo hay algunos criterios importantes a la hora de buscar una buena iglesia. Primero, asegúrate de que sea una iglesia que crea en la Biblia y que la enseñe.

Segundo, asegúrate de que la iglesia se ajuste a las doctrinas históricas de la fe cristiana. Algunos cultos, como el mormonismo y los testigos de Jehová, afirman basar sus enseñanzas en la Biblia, pero la han distorsionado a fin de presentar a un Jesús diferente. Es un error grave que muchos cometen.

Satanás quiere que pensemos que la iglesia es aburrida e irrelevante. Nada más alejado de la verdad. Cuanto más te acerques al cuerpo de Cristo, más cerca estarás de Él.

La iglesia es lo mejor que Dios tiene en acción en este mundo.

Debate en pequeños grupos

1. Enumera algunas razones por las cuales la iglesia puede convertirse en algo de poco interés en la vida de las personas.

2. Si eso te sucedió alguna vez, ¿qué ocurrió con tu vida espiritual cuando te descubriste con actitudes negativas hacia la iglesia? ¿Qué influencia tiene tu visión de la iglesia en tus amigos?

El Espíritu Santo

A Pablo le gustaban las fiestas. Casi todos los días él y sus amigos se juntaban a la salida de la escuela y fumaban marihuana. Los fines de semana nunca se perdían una fiesta. No ir de juerga, hubiera sido como perder la razón de su existencia. La vida de Pablo giraba en torno a las drogas, los amigos y el rock pesado. No le importaba nada más.

En el terreno espiritual, Pablo pensaba que tal vez podía existir un Dios, pero no perdía demasiado tiempo en tratar de averiguarlo. Así fue hasta que un amigo lo invitó a la iglesia.

No era propio de Pablo aceptar una invitación de esa naturaleza. Ni siquiera está seguro de por qué accedió cuando su amigo lo invitó. Tal vez tenía curiosidad por ver si había muchachas bonitas en el grupo de jóvenes. Cualquiera fuera el motivo, esa noche se vio confrontado por primera vez con el mensaje del evangelio. Ya en su casa, cuando ya estaba acostado, no podía dejar de pensar en lo que había escuchado. Al otro día le dijo a su amigo que quería volver a ir la semana siguiente.

Poco a poco Pablo comenzó a comprender el mensaje de la Biblia y su necesidad de un Salvador. Ahora entendía que su vida estaba vacía y que necesitaba que Jesucristo lo llenara de su amor y su perdón. Una noche se arrodilló al lado de su cama y oró por primera vez, pidiéndole a Cristo que entrara en su vida.

El cambio de Pablo fue rotundo.

Decidió que ya no necesitaba las drogas, de manera que dejó de reunirse con sus amigos a la salida de la escuela. A medida que más leía la Biblia, más contento estaba y menos quería escuchar sus compactos de rock pesado, llenos de lenguaje destructivo y referencias a la muerte. En lugar de ir de juerga los fines de semana, ahora Pablo elegía estar con sus nuevos amigos cristianos, y pasar buenos momentos con ellos en lugar de buscarse dificultades.

La vida de Pablo cambiaba día a día, y nadie se daba cuenta de ello mejor que su familia. Al comienzo sus padres pensaban que se trataba de una etapa pasajera, pero a medida que transcurrían los meses y él seguía cada vez más comprometido con su fe, comenzaron a prestar atención. Seguía siendo un adolescente típico en muchos aspectos, pero su actitud hacia la vida había cambiado de forma drástica. Obtenía mejores calificaciones en la escuela e incluso pasaba mucho tiempo conversando con su familia, algo que no había hecho durante años. Era como si Pablo estuviera convirtiéndose en otra persona.

Su padre había entrado una sola vez en la iglesia, y de eso hacía ya 20 años. En aquella oportunidad, el sermón había girado en torno al dinero, y tal como lo había sospechado, la apelación del pastor para que los asistentes ofrendaran fue insistente y cargosa.

—Lo único que quiere esta gente es mi dinero —se quejó con su esposa, camino a casa—. No volveré nunca más.

Y durante 20 años había cumplido su promesa, convencido de que el cristianismo no era más que una religión decadente.

Sin embargo, los cambios permanentes y positivos en la vida de Pablo superaban lo que su papá había visto. *Después de todo, tal vez haya algo de cierto en eso,* pensó con algo de recelo.

Los demás miembros de la familia estaban impresionados de igual manera por lo que veían. Su madre comenzó a asistir con regularidad a la iglesia y, como se sentía a gusto, invitó a su hermana a ir con ella. Lo mejor de todo fue que la hermana mayor de Pablo también comenzó a asistir a la iglesia. Con el tiempo ella y la tía de Pablo entregaron su vida a Cristo gracias al fiel testimonio del muchacho. Y tanto su madre como su padre tienen ahora una opinión diferente de los creyentes.

¿Qué le ocurrió a Pablo que hizo que su vida cambiara rotundamente? Algunos dirán que fue pura fuerza de voluntad, y otros dirán que fue el cambio de amistades.

En realidad Pablo cambió porque una Persona fue a vivir en su interior, la persona del Espíritu Santo.

¿Quién es el Espíritu Santo?

Si has visto cualquiera de las películas de *La guerra de las galaxias* (¿y quién no?), entonces estarás familiarizado con "la fuerza". La fuerza es un poder sobrenatural e impersonal al que Luke, el protagonista, tiene que echar mano para realizar espectaculares proezas. La fuerza está a disposición de cualquiera, sin embargo solo los caballeros Jedi han aprendido a dominar su poder milagroso para preservar el bien en el universo.

No es de extrañar que muchas personas imaginen así al Espíritu Santo cuando comienzan a leer la Biblia. Creen que es un poder impersonal, algo de lo que podemos echar mano como cuando uno conecta un electrodoméstico a un tomacorriente. Sin embargo, por diversas razones, esa es una visión inadecuada del Espíritu Santo.

Primero, la Biblia nos dice que el Espíritu Santo es una persona y no una fuerza ni un poder impersonal. Realiza diversas acciones que demuestran que es una persona, como hablar, tomar decisiones y tener voluntad. Una fuerza impersonal no podría hacer ninguna de esas cosas.

Segundo, aprendemos de la Biblia que es Dios. El Espíritu Santo es la tercera persona de la Trinidad, igual al Padre y al Hijo. Como Dios, tiene todos los atributos que son propios de los demás miembros de la deidad, tales como:

- la omnisciencia (lo sabe todo), 1 Corintios 2:10–11
- la omnipotencia (es todopoderoso), Romanos 8:11
- la omnipresencia (está en todas partes), Salmo 139:7

Solo Dios tiene esas cualidades y eso prueba que el Espíritu Santo es plenamente Dios.

Y tercero, se hace referencia al Espíritu Santo como parte de la Trinidad. (Ver Mateo 28:19.)

¿Cómo recibe una persona el Espíritu Santo?

En el momento en que una persona ora para recibir a Cristo en su vida, el Espíritu Santo hace su morada en ella. Está allí para guiar, corregir y revelar la verdad de Dios a cada creyente a medida que crece y profundiza en la Palabra de Dios.

El Espíritu Santo fue enviado para que tú y yo conozcamos a Dios de la misma manera que los discípulos conocieron a Jesús en el primer siglo. Por eso Jesús puede prometernos lo que declara en Mateo 28:20, donde dice: "Y les aseguro que estaré con ustedes siempre, hasta el fin del mundo". Está con nosotros en la persona del Espíritu Santo, que llena nuestro corazón con la presencia de Dios mismo.

¿Qué hace el Espíritu Santo?

Aquí señalamos las principales funciones del Espíritu Santo en la vida de cada creyente:

El Espíritu Santo nos convence de pecado ·

Lee 1 Corintios 6:19.

Susana y algunas amigas decidieron ir al cine una noche. Les habían recomendado cierta película y, como parecía interesante, decidieron ver de qué se trataba. Sacaron entradas para la función de trasnoche y se sentaron contentas, provistas de rosetas de maíz y unas bebidas.

Pronto se apagaron las luces y la película llenó la enorme pantalla. Susana se estremeció con la primera escena, cuyo vocabulario grosero y subido de tono le hizo arder las orejas de vergüenza. Se encogió en su asiento, sintiéndose incómoda por lo que mostraba la pantalla.

Luego apareció un acto sexual en primer plano, y Susana giró la cabeza para no contaminar sus ojos. A medida que se desarrollaba la escena, Susana supo que estaba en un lugar que no era del agrado de Dios. Era evidente que la película promovía una relación adúltera.

Susana había visto y oído suficiente. Se inclinó hacia sus amigas y susurró: "Las espero afuera, no quiero ver este tipo de películas." Se escurrió de la sala y buscó un banco donde pudiera esperar a sus amigas. *Qué lástima*, pensó para sí. No le gustaba la idea de haber derrochado siete dólares esa noche, pero era peor exponer su mente a la basura que estaban proyectando en la pantalla.

Al rato, las dos amigas recién convertidas también se sintieron incómodas. Se reunieron con Susana que, mientras entraban al coche para volver a casa, pudo explicar a sus amigas por qué la película era inapropiada para ellas como cristianas.

Este es un ejemplo del Espíritu Santo en acción. Nos convence cuando estamos en situaciones pecaminosas, y nos da el valor para tomar decisiones correctas cuando de otra manera podríamos comprometer nuestra pureza.

El Espíritu Santo nos ayuda a entender la Palabra de Dios

Al estudiar la Palabra de Dios diariamente, el Espíritu Santo se convierte en nuestro maestro y nos ayuda a entender lo que leemos. (Ver Juan 14:26.) El Espíritu Santo te ayudará a entender las verdades espirituales, verdades que no podrías haber aprendido antes de ser cristiano. (Ver 1 Corintios 2:16.)

El principal medio que utiliza el Espíritu Santo para enseñarnos acerca de Dios es recordarnos las Escrituras cuando necesitamos escucharlas. Cuantos más versículos memorices, más puede traer a tu mente. Por el contrario, en la medida que menos estudies la Palabra de Dios, menos tendrá el Espíritu para recordarte.

El Espíritu Santo nos guía

¿Has estado alguna vez en una situación en que no sabías qué hacer? ¡Claro que sí! Todos pasamos por etapas en la vida en las que desearíamos que alguien colgara un aviso del cielo indicándonos qué hacer.

Aunque Dios por lo general no cuelga esos carteles, nos provee del Espíritu Santo para darnos ayuda y guía. (Ver Romanos 8:14.)

Las Escrituras declaran que el Espíritu Santo nunca nos guiará en contra de lo que dice la Biblia.

Germán comenzó a salir con una joven que no conocía a Cristo. Siempre había sido categórico al testificar de su fe cristiana, pero ahora estaba saliendo con una muchacha que no conocía al Señor. Tenían todo en común menos su vida espiritual.

Germán sabía que la Biblia decía que no debía salir con chicas no cristianas (ver 2 Corintios 6:14.). Sin embargo, por alguna razón, sentía que Dios los guiaba a estar juntos. Su intuición le decía que estaba bien continuar con esa relación. Observemos que el énfasis estaba en lo que él *sentía,* no en lo que sabía que era verdad. Luego se fueron a vivir juntos, algo que está completamente en contra de la voluntad de Dios.

La enseñanza es la siguiente: Dios nunca va a estar dividido contra sí mismo. El Espíritu Santo nunca te indicará hacer algo contrario a la Palabra de Dios. Germán no entendía esa verdad y terminó en una situación inmoral.

El Espíritu Santo dará buenos frutos en nuestra vida
Una de las cosas más sorprendentes de la vida cristiana es que Dios no quiere que la vivamos por nuestra cuenta. En efecto, es imposible agradar a Dios y ser una buena persona por nuestra propia fuerza de voluntad. (Ver Gálatas 5:16.)

Otros pasajes bíblicos, como Efesios 5:18–21, se refieren al mismo tema en estos términos: "Sean llenos del Espíritu". El significado central es el mismo: cuando tú y yo llenamos nuestra mente y nuestra vida con la Palabra de Dios y nos sometemos a Él lo mejor que podemos, Dios nos llena de sí mismo y nos ayuda a hacer aquello que por nosotros mismos no podemos hacer. (Ver Gálatas 5:22–23.)

Así como un árbol de peras produce peras y un árbol de manzanas produce manzanas, el Espíritu Santo producirá en ti los frutos espirituales mencionados en el pasaje bíblico, a medida que siembres las semillas de la Palabra de Dios en tu vida.

Pídele a Dios que te llene con su Espíritu. No demores en confesarle tu pecado y pedirle perdón por las cosas que has hecho mal. Estudia la Biblia en forma habitual.

El Espíritu Santo hará la diferencia entre transitar a los tropezones la vida cristiana y llevar una vida victoriosa y llena de poder, que ilumine a todo el mundo.

Debate en pequeños grupos

1. En tu opinión, ¿qué importancia tiene el Espíritu Santo en tu vida? Explica tu respuesta.

2. Piensa en una situación en que hayas sentido la confirmación divina y hayas comprobado la guía del Espíritu en tu vida. ¿Cómo respondiste?

Notas

Capítulo 3

1. Citado en *Who Says God Created?* [¿Quién dijo que Dios creó?], de Fritz Ridenour (editor), Regal Books, Glendale, California, 1967, pág. 84.
2. Ibíd.

Capítulo 17

1. *Journal of the American Medical Association* [publicación de la Asociación Norteamericana de Medicina], 21 de marzo de 1986, vol. 256.
2. *Ibíd.*
3. *Ibíd.*

Capítulo 19

1. C. S. Lewis, *The Great Divorce* [El gran divorcio], Harper, San Francisco, pág. 72.

Capítulo 24

1. Si sabes inglés, te recomiendo la Biblia de la serie *En busca de la verdad* en inglés: *TruthQuest Inductive Student Bible*, Holman Bible Publishers, Nashville, 1999.